W0227289

DER
BARMEISTER

FRANZ BRANDL

DER BARMEISTER

MATTHAES VERLAG GMBH

ISBN 3-87516-681-7

2., aktualisierte Auflage 2000

Gestaltung & Layout	Andreas Rimmelspacher, Seehausen
Umschlaggestaltung	Erich Schönbach
© 1997 by	Matthaes Verlag GmbH, Stuttgart
Gesamtherstellung	Matthaes Druck, Stuttgart

Printed in Germany

INHALT

VORWORT

Fachmann von der Pike auf – zählte Franz Brandl schon zu Beginn der neuen „Cocktail-Ära" in den siebziger Jahren zu den ganz Großen seines Fachs.

Als einer der wenigen ausgebildeten und geprüften Barmeister dieser Zeit kann Franz Brandl heute auf eine Karriere mit vielen prominenten Stationen zurückblicken. In seiner Heimatstadt München arbeitete er u. a. als Barmanager im Eröffnungsteam des Sheraton Hotels und leitete als Barchef der ersten Stunde die „Harry's New York Bar" und Eckart Witzigmanns Bar im weltberühmten Dreisterne-Restaurant „Aubergine".

Mit zahlreichen Veröffentlichungen in der Fachpresse und in Publikumszeitschriften hatte er großen Anteil am Wiedererstehen der Cocktailkultur. Sein erstes Buch, der 1982 erschienene „Mixguide", zählt heute zu den Klassikern der Barliteratur und ist für viele Barmixer zum Wegweiser in das neue

Zeitalter der Mixgetränke und der Warenkunde geworden.

1996 erschien mit „Brandls Barbuch" ein großformatiger, außergewöhnlich exklusiv gestalteter und informativer Wegweiser durch die internationale Welt der Getränke. Alles Wissenswerte von der Geschichte und Entwicklung der Bar und der Bargetränke, der Einrichtung und Ausstattung einer Bar bis hin zur Praxis des Mixens werden darin beschrieben.

Für den Profi- wie auch Hobby-Mixer wurde daraus mit dem „Barmeister" dieses handliche Nachschlagewerk zusammengestellt.
Der „Barmeister" beinhaltet den kompletten Rezeptteil aus „Brandls Barbuch" und informiert in gekürzter Fassung über die Geschichte und Herstellung weltbekannter Getränke.

REGISTER von A bis Z

Kreationen des Autors sind mit der Jahreszahl ihrer Entstehung versehen

Register

Register

REGISTER NACH BASISSPIRITUOSEN

Crème de Cacao Brown

Crème de Cacao White

Crème de Banane

Crème de Cassis

Galliano

Gin

Grand Marnier

Sekt / Prosecco

Sherry

Southern Comfort

Register

REGISTER NACH GRUPPEN

Sweet Cocktails

Champagner Cocktails und Drinks

Aperitifs

Longdrinks

Sours

Fizzes / Collinses

Fancy Drinks

Flips / Egg Nogs

Alkoholfreie Mixgetränke

Hot Drinks

Highballs / Crustas
Juleps / Frappés

Bowlen

MIXPRAXIS

Die handwerkliche Tätigkeit beim Mixen beschränkt sich auf vier, in sich aber grundverschiedene Zubereitungsarten.

Schütteln im Shaker:
Alle Mixgetränke die Säfte, Sahne oder sonstige Trübstoffe enthalten (evtl. Ausnahme = Tomatensaft), werden in der Regel mit Eiswürfeln geschüttelt. Das Eis bleibt im Shaker zurück.

Rühren im Mixglas:
Alle Mixgetränke mit klaren Zutaten werden im Mixglas mit Eiswürfeln gerührt. Die Drinks sind nach der Fertigstellung transparent. Das Eis bleibt im Mixglas zurück.

Das Anrichten im Trinkglas:
Hauptsächlich Fancy Drinks, Hot Drinks, Juleps und Champagner Drinks. Meist ist die Zubereitung von Drink zu Drink unterschiedlich.

Die Zubereitung im Elektromixer:
Der Elektromixer ersetzt bei großen Mengen den Shaker. Er wird aber auch bei der Verwendung von frischen Früchten und Creams sowie bei Drinks mit Crushed Ice eingesetzt.

Um die Frage der Zubereitungsart leichter zu gestalten, sind im Rezeptteil die hier abgebildeten Symbole zugeordnet.

Shaker

Rührglas

Elektromixer

1	2	3	4	5
6	7	8	9	10
11	12	13	14	15

1 Cocktailglas	6 Champagnerglas	11 … mit Holzstößel
2 Cocktailschale	7 großes Fancy-Glas	12 gefrostetes …glas
3 mittelgroßes Stielglas	8 Tumbler	13 … mit Trinkhalmen
4 kleines Stielglas	9 Longdrinkglas	14 Eiswürfel
5 Sektkelch	10 Bowlenglas	15 Crushed Ice

Das Zubereiten im Shaker:
Beispiel Planter's Punch

Die Zutaten bereitstellen. In das Long-drinkglas und das Unterteil des Sha-kers einige Eiswürfel geben

Gemäß der Rezeptur die Zutaten in den Unterteil des Shakers zu den Eiswürfeln gießen

Im Shaker zubereitet:

Bei der Zubereitung mit dem Sha-ker gibt man zuerst das Eis in den Unterteil des Shakers und fügt die Zutaten, entsprechend der Rezep-tur, beginnend mit Sirup, Säften, Sahne usw., hinzu. Diese Reihenfol-ge empfiehlt sich für Anfänger und auch für Profis, da bei Verwechs-lungen oder falschen Abmessun-gen oftmals der Schaden durch Neubeginn zu begrenzen ist. Der dann geschlossene Shaker wird in waagrechter Haltung in Schulter-höhe vom Körper weg und wieder zum Körper hin geschüttelt. So ist der Kühlweg am längsten und die Kühlung am intensivsten. Geschüt-telt wird je nach Art der Drinks ver-schieden lang. Es richtet sich zum Teil nach der Größe und Festigkeit der Eiswürfel, aber auch nach Men-ge und Art des Inhalts. Nach dem Schütteln wird der Shaker abge-setzt. Dies geschieht beim zwei- oder dreiteiligen Metallshaker mit dem größeren Unterteil, beim Bo-ston-Shaker mit dem Metalloberteil, da dieses größer als das Glasteil ist. Dadurch ist auch im Gegensatz

Nach dem Shaken durch das Barsieb in das Longdrinkglas gießen

Trinkhalme dazugeben und mit Früchten garnieren

zum Metallshaker, dessen Kopfteil zum Schließen nach innen eingesetzt wird, ein Füllen des Glasteils bis zum Rand möglich. Nach dem Schütteln gießt man mit Hilfe des Barsiebs die Drinks in die vorbereiteten Gläser und garniert, wenn er forderlich, mit Früchten. Das Barsieb hat die Aufgabe, das verbliebene Eis im Shaker zurückzuhalten. Dieses Eis hat bereits seine Kälte abgegeben und wird nie mit in das Trinkglas gegeben. Wenn ein Rezept ein Anrichten auf Eiswürfeln empfiehlt, dann muß stets frisches

Eis verwendet werden. Während Flips und sahnehaltige Cocktails nicht verwässern sollten, schadet Mixgetränken, die nach dem Abgießen in das Trinkglas mit Sodawasser oder Limonaden aufgefüllt werden, ein langes Schütteln und die Abgabe von Schmelzwasser keinesfalls. Kohlensäurehaltige Zugaben wie Tonic Water, Sodawasser, Sekt oder Cola niemals mitschütteln! Sie werden nur zum Auffüllen der bereits in Trinkgläser abgegossenen Mixgetränke verwendet.

Das Anrichten im Trinkglas:
Beispiel Caipirinha

In ein großes Becherglas die Limetten-stücke geben

Mit dem Holzstößel gut ausdrücken

Das Anrichten im Trinkglas:

Hauptsächlich die in der Rubrik Fancy Drinks zusammengefaßten Mixgetränke werden im Trinkglas zubereitet. Doch neben den Klassikern Old Fashioned, Caipirinha und Mojito werden auch Hot Drinks, Juleps, Frappés, Highballs und auch Champagner-Cocktails und -Drinks direkt im Glas angerichtet. Für ihre Zubereitung gibt es nur innerhalb der Untergruppen feste Regeln. Meist ist die Zubereitung von Drink zu Drink unterschiedlich. Im Rezeptteil wird die jeweilige Zubereitungsart beschrieben.

Das Rühren im Mixglas:

Beim Rühren von Cocktails im Mixglas wird im Grund wie beim Shaken vorgegangen. Auch hier sorgt das Eis für die Kühlung, die Vermischung erfolgt jedoch mit dem Barlöffel. Mit dieser Zubereitungsart mixt man fast ausschließlich Before-Dinner-Cocktails und auch einige süße Klassiker. Im Mixglas gerührt werden nur Cocktails, die weder Säfte noch Sahne oder sonstige Trübstoffe enthalten. Die Vorgehensweise ist relativ einfach. In das Mixglas gibt man trockene, mittelgroße Eiswürfel und

Cachaça und Zuckersirup bzw. weißen Rohrzucker dazugeben

Eiswürfel hinzufügen und den fertigen Drink gut umrühren

gießt die Zutaten – beginnend mit Mixbitter, Sirup, Vermouth usw. – dazu. Zuletzt werden die Spirituosen und Liköre dazugegeben. Dann wird mit dem Barlöffel schnell und kräftig spiralförmig von oben nach unten gerührt. Durch das Barsieb wird in das Trinkglas abgegossen. Das benutzte Eis bleibt im Mixglas. Wird ein Drink „on the rocks" gewünscht, so wird frisches Eis verwendet. Für viele Drinks dieser Kategorie empfiehlt sich die Verwendung von vorgekühlten Gläsern.

Die Zubereitung im Elektromixer:

Bei der Zubereitung im Elektromixer gelten die gleichen Regeln wie beim Schütteln. Hierbei ersetzt die Maschine die körperliche Tätigkeit. Der Standort des Elektromixers sollte nicht im Gästebereich sein, und sein Anwendungsbereich sollte sich auf das Pürieren von Früchten und auf die Zubereitung von Drinks, die feste Creams usw. enthalten, beschränken.

Zur Zubereitung von größeren Mengen ist ein Elektromixer durchaus zu empfehlen. Der Qualität der Drinks ist dies nicht abträglich.

DRY COCKTAILS

Der klassische trockene Cocktail ist ein Short-Drink, das heißt vom Volumen her knapp bemessen. Er besteht meist nur aus wenigen Zutaten. In der Regel wird eine Basisspirituose durch die Zugabe von Vermouth, Sherry, Dubonnet etc. abgerundet, oder verschiedene Spirituosen, Liköre, Vermouth etc. werden miteinander vermischt. Zum Teil wird mit Mix-Bitters oder geringen Mengen Sirup aromatisiert.

Dry Cocktails sind die klassischen Bargetränke und werden als Before-Dinner-Drinks bevorzugt. Bei der Zubereitung im Rührglas müssen die einzelnen Zutaten mit trockenen Eiswürfeln gut vermischt werden, dürfen sie jedoch nicht verwässern. Als Trinkgläser empfehlen sich kleine kelch- oder schalenförmige Stielgläser, die nach Möglichkeit vorgekühlt sein sollten.

PERFECT COCKTAIL

2 cl Vermouth Dry
2 cl Vermouth Rosso
2 cl Gin

Im Rührglas mit viel Eiswürfeln gut verrühren.
Mit einer Zitronenschale abspritzen und diese dazugeben.

GIBSON

1 cl Vermouth Dry
5 cl Gin

Im Rührglas mit viel Eiswürfeln gut verrühren.
Einige Cocktailzwiebeln in den Drink geben.

AFFINITY

2 Spritzer Angostura
1 cl Vermouth Dry
1 cl Vermouth Rosso
4 cl Scotch Whisky

Im Rührglas mit viel Eiswürfeln gut verrühren.
Mit einer Zitronenschale abspritzen und diese dazugeben.

MARTINI DRY COCKTAIL

1 cl Vermouth Dry
5 cl Gin

Im Rührglas mit viel Eiswürfeln gut verrühren.
Eine grüne Olive mit Stein dazugeben und/oder mit Zitronenschale abspritzen.

Über das Verhältnis von Gin zu Vermouth für einen Martini Dry Cocktail wird unter Experten oft diskutiert. International gibt man zum Gin nur einige Tropfen Vermouth, und es empfiehlt sich, Martini-Trinker nach ihrem Geschmack zu fragen.

WODKA MARTINI

1 cl Vermouth Dry
5 cl Wodka

– wie Martini Dry Cocktail – anstelle von Gin wird Wodka verwendet.

PADDY COCKTAIL

1 Spritzer Angostura
3 cl Vermouth Rosso
3 cl Irish Whiskey

Im Rührglas mit viel Eiswürfeln gut verrühren.

BOBBY BURNS

3 Spritzer Bénédictine
3 cl Vermouth Rosso
3 cl Scotch Whisky

Im Rührglas mit viel Eiswürfeln gut verrühren.
Mit einer Zitronenschale abspritzen und diese dazugeben.

ROB ROY

2 Spritzer Angostura
2 cl Vermouth Rosso
4 cl Scotch Whisky

Im Rührglas mit viel Eiswürfeln gut verrühren.
Eine Cocktailkirsche dazugeben.

MANHATTAN

2 Spritzer Angostura
2 cl Vermouth Rosso
4 cl Canadian Whisky

Im Rührglas mit viel Eiswürfeln gut verrühren.
Eine Cocktailkirsche dazugeben.

COMFORT MANHATTAN

4 cl Southern Comfort
2 cl Vermouth Dry

Im Rührglas mit viel Eiswürfeln gut verrühren.
Eine Cocktailkirsche dazugeben.

MANHATTAN DRY

2 Spritzer Angostura
2 cl Vermouth Dry
4 cl Canadian Whisky

Im Rührglas mit viel Eiswürfeln gut verrühren.
Eine Cocktailkirsche dazugeben oder mit einer Zitronenschale abspritzen.

ROSE

1 Barlöffel Grenadine
3 cl Kirschwasser
3 cl Vermouth Dry

Vermouth und Kirschwasser im Rührglas mit Eiswürfeln gut vermischen. Während des Rührens die Grenadine langsam einfließen lassen, bis der Drink roséfarben ist. Durch das Barsieb abgießen und eine Cocktailkirsche dazugeben.

ATTA BOY

2 cl Vermouth Dry
4 cl Gin
2 Tropfen Grenadine

Im Rührglas mit viel Eiswürfeln gut verrühren.

BAMBOO

1 Spritzer Orangen Bitter
3 cl Vermouth Dry
3 cl Fino Sherry

Im Rührglas mit viel Eiswürfeln gut verrühren.
Eine Cocktailkirsche dazugeben.

GIMLET

2 cl Lime Juice Cordial
4 cl Gin

Im Rührglas mit viel Eiswürfeln gut verrühren.
Eine Limettenscheibe dazugeben.

Anmerkung: Das Verhältnis Lime Juice und Gin kann man nach Geschmack verändern.

WODKA GIMLET

2 cl Lime Juice Cordial
4 cl Wodka

– wie Gimlet – anstelle von Gin wird Wodka verwendet.

RUM GIMLET

2 cl Lime Juice Cordial
4 cl weißer Rum

– wie Gimlet – anstelle von Gin wird mit weißem Rum gemixt.

TEQUILA GIMLET

2 cl Lime Juice Cordial
4 cl Tequila

– wie Gimlet – anstelle von Gin wird mit weißem Tequila gemixt.

ALASKA

2 cl **Chartreuse Gelb**
4 cl **Gin**

Im Rührglas mit viel Eiswürfeln gut
verrühren.

CLARIDGE

2 cl **Vermouth Dry**
2 cl **Gin**
1 cl **Apricot Brandy**
1 cl **Cointreau**

Im Rührglas mit viel Eiswürfeln gut
verrühren.

EL PRESIDENTE

4 cl **weißer Rum**
2 cl **Curaçao Triple Sec**
1 cl **Vermouth Dry**
1 cl **Grenadine**

Im Rührglas mit viel Eiswürfeln gut
verrühren.

BENTLEY

3 cl **Dubonnet Rouge**
3 cl **Calvados**

Im Rührglas mit viel Eiswürfeln gut
verrühren.

CARUSO

2 cl **Crème de Menthe
      Grün**
2 cl **Vermouth Dry**
2 cl **Gin**

Im Rührglas mit viel Eiswürfeln gut
verrühren.

BIJOU

1 Spritzer **Orangen Bitter**
2 cl **Gin**
2 cl **Chartreuse Grün**
2 cl **Vermouth Dry**

Im Rührglas mit viel Eiswürfeln gut
verrühren.
Mit Zitronenschale abspritzen und
eine Cocktailkirsche dazugeben.

MEDIUM COCKTAILS

Sie liegen geschmacklich zwischen Dry und Sweet
Cocktails. Sie eignen sich zum Teil als Before-Dinner-
Drink, aber auch zum Abschluß eines Essens.
Hier sollte man den persönlichen Geschmack
entscheiden lassen.
Medium Cocktails werden meist im Shaker, bei
Verwendung von frischen Früchten oder gestoßenem
Eis aber auch im Elektromixer zubereitet. Die Basis
der klassischen Rezepte ist meist eine Spirituose, der ein
Likör und Zitronensaft oder Zuckersirup und Zitronensaft
zugegeben wird.
Medium Cocktails weisen durch den Saftanteil oft
ein größeres Volumen als Dry Cocktails auf. Dies
erfordert die Verwendung von Cocktailschalen.

WHITE LADY

4 cl Gin
2 cl Cointreau oder
    Curaçao Triple Sec
2 cl Zitronensaft

Im Shaker mit Eiswürfeln kräftig
schütteln.
Das Verhältnis der Zutaten kann
man je nach Geschmack variieren.

SIDE CAR

4 cl Cognac
2 cl Cointreau oder
    Curaçao Triple Sec
2 cl Zitronensaft

Im Shaker mit Eiswürfeln kräftig
schütteln.
Das Verhältnis der Zutaten kann
man je nach Geschmack variieren.

BLUE LADY

4 cl Gin
2 cl Curaçao Blue
2 cl Zitronensaft

Im Shaker mit Eiswürfeln kräftig
schütteln.
Das Verhältnis der Zutaten kann
man je nach Geschmack variieren.

ERNEST HEMINGWAY SPECIAL

5 cl weißer Cuba Rum
1 cl Maraschino
1 cl Grapefruitsaft
2 cl Zitronensaft

In den Elektromixer gestoßenes Eis und die Zutaten geben. Den Mixer 20 bis 30 Sekunden laufen lassen. Der Drink muß sämig, jedoch nicht zu dünn oder zu fest sein. Dann abgießen und zwei kurze, dicke Trinkhalme dazugeben.

PINK DAIQUIRI

5 cl weißer Rum
3 cl Zitronensaft
1–2 cl Zuckersirup
einige Tropfen Grenadine

Im Shaker mit Eiswürfeln kräftig schütteln.

DAIQUIRI (NATURAL)

5 cl weißer Cuba Rum
3 cl Zitronensaft
2 cl Zuckersirup

Im Shaker mit Eiswürfeln kräftig schütteln.

(Originalrezept von 1898)

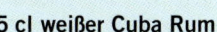

FROZEN DAIQUIRI
(FLORIDITA DAIQUIRI)

5 cl weißer Cuba Rum
3 Spritzer Maraschino
2 cl Zitronensaft
1 Barlöffel sehr feiner
   weißer Rohrzucker

In den Elektromixer gestoßenes Eis und die Zutaten geben. Den Mixer 20 bis 30 Sekunden laufen lassen. Der Drink muß sämig, jedoch nicht zu dünn oder zu fest sein. Aus dem Mixer abgießen und zwei kurze, dicke Trinkhalme dazugeben.

BANANA DAIQUIRI

1/2 mittelgroße Banane
5 cl weißer Rum
2–3 cl Zitronensaft
1–2 cl Zuckersirup
(evtl. etwas Crème de Banane oder Bananensirup)

Die Zutaten im Elektromixer gut durchmixen, dann so viel gestoßenes Eis dazugeben, daß ein sämiger Drink entsteht. Den Elektromixer nochmals laufen lassen und abgießen. Einen Spieß mit einer Bananenscheibe und einer Cocktailkirsche über den Glasrand legen. Mit zwei kurzen, dicken Trinkhalmen servieren.
Anmerkung: Kann auch im Shaker mit Eiswürfeln zubereitet werden. Dann jedoch erst die Banane pürieren und das Bananenmus mit in den Shaker geben.

PINEAPPLE DAIQUIRI

**2 Scheiben frische
Ananas (ohne Mittel-
stück und Schale)
5 cl weißer Rum
2–3 cl Zitronensaft
1–2 cl Zuckersirup
(evtl. etwas Ananassirup)**

Die Zutaten im Elektromixer gut durchmixen, dann so viel gestoßenes Eis dazugeben, daß ein sämiger Drink entsteht. Den Elektromixer nochmals laufen lassen und abgießen. Einen Spieß mit einem Ananasstück und einer Cocktailkirsche über den Glasrand legen. Mit zwei kurzen, dicken Trinkhalmen servieren.

STRAWBERRY DAIQUIRI

**5 mittelgroße Erdbeeren
5 cl weißer Rum
2–3 cl Zitronensaft
1–2 cl Zuckersirup
(evtl. etwas Erdbeersirup
oder Erdbeerlikör)**

Die Zutaten im Elektromixer gut durchmixen, dann so viel gestoßenes Eis dazugeben, daß ein sämiger Drink entsteht. Den Elektromixer nochmals laufen lassen und abgießen. Eine Erdbeere einschneiden und an den Glasrand stecken. Mit zwei kurzen, dicken Trinkhalmen servieren.

MARY PICKFORD

4 cl weißer Rum
4 cl Ananassaft
einige Tropfen Grenadine

Im Shaker mit Eiswürfeln kräftig
schütteln.
Ein Ananasstück an den Glasrand
stecken.

FLAMINGO

4 cl Gin
2 cl Apricot Brandy
2 cl Zitronensaft
1 Barlöffel Grenadine

Im Shaker mit Eiswürfeln kräftig
schütteln.

BRONX

4 cl Gin
2 cl Vermouth Rosso
2 cl Vermouth Dry
3 cl Orangensaft

Im Shaker mit Eiswürfeln kräftig
schütteln.

PARADISE

4 cl Gin
2 cl Apricot Brandy
4 cl Orangensaft

Im Shaker mit Eiswürfeln kräftig
schütteln.

BETWEEN THE SHEETS

2 cl Cognac
2 cl weißer Rum
2 cl Cointreau
1 cl Zitronensaft

Im Shaker mit Eiswürfeln kräftig
schütteln.

MULATA

4 cl brauner Cuba Rum
2 cl Zitronensaft
1 cl Crème de Cacao
     Braun

Etwa zwei Bar-Eisschaufeln
gestoßenes Eis mit den Zutaten
in den Elektromixer geben. Gut
durchmixen und abgießen. Zwei
kurze, dicke Trinkhalme dazugeben.

JACK ROSE

4 cl Calvados
2 cl Zitronensaft
1 cl Grenadine

Im Shaker mit Eiswürfeln kräftig
schütteln.

SILVIA (1986)

3 cl Gin
2 cl Crème de Banane
1 cl Cointreau
4 cl Orangensaft

Im Shaker mit Eiswürfeln kräftig
schütteln.

CALVADOS
COCKTAIL

4 cl Calvados
1 cl Cointreau
4 cl Orangensaft
1 cl Pfirsichlikör
    oder -sirup

Im Shaker mit Eiswürfeln kräftig
schütteln.
Ein Apfelstück mit einer Cocktailkirsche an den Glasrand stecken.

SCARLETT O'HARA

5 cl **Southern Comfort**
3 cl **Preiselbeernektar**
2 cl **Limettensaft**

Im Shaker mit Eiswürfeln kräftig
schütteln.

GOLDIE

2 cl **weißer Rum**
2 cl **Cherry Brandy**
2 cl **Cointreau**
4 cl **Orangensaft**

Im Shaker mit Eiswürfeln kräftig
schütteln.

RED LION

3 cl **Gin**
2 cl **Grand Marnier C. R.**
1 cl **Zitronensaft**
4 cl **Orangensaft**
einige Tropfen Grenadine

Im Shaker mit Eiswürfeln kräftig
schütteln.

MARGARITA

4 cl weißer Tequila
2 cl Cointreau
2 cl Zitronensaft

Den Rand einer Cocktailschale in einem Zitronenviertel drehen und in eine mit Salz gefüllte Schale tupfen. Das nicht haftende Salz durch leichtes Klopfen am Glas entfernen.
Die Zutaten mit Eiswürfeln in den Shaker geben, kräftig schütteln und durch das Barsieb abgießen.

GALLIANO MARGARITA

4 cl weißer Tequila
2 cl Liquore Galliano
2 cl Zitronensaft

– wie Margarita – anstelle von Cointreau wird mit Liquore Galliano gemixt

BLUE MARGARITA

4 cl weißer Tequila
2 cl Curaçao Blue
2 cl Zitronensaft

– wie Margarita – anstelle von Cointreau wird mit Curaçao Blue gemixt

STRAWBERRY MARGARITA

4 cl weißer Tequila
2 cl Cointreau
2 cl Zitronensaft
3–5 mittelgroße
     Erdbeeren
(evtl. etwas Erdbeerlikör
oder -sirup)

Den Rand einer Cocktailschale in einem Zitronenviertel drehen und in eine mit Zucker gefüllte Schale tupfen. Den nicht haftenden Zucker durch leichtes Klopfen am Glas entfernen.
Die Zutaten im Elektromixer gut durchmixen, dann so viel gestoßenes Eis dazugeben, daß ein sämiger Drink entsteht. Den Elektromixer nochmals laufen lassen und abgießen. Eine Erdbeere einschneiden und an den Glasrand stecken. Mit zwei kurzen, dicken Trinkhalmen servieren.

Anmerkung: Kann auch im Shaker mit Eiswürfeln zubereitet werden. Dann jedoch erst die Erdbeeren pürieren und das Mus mit in den Shaker geben.

PINK LADY

Im Shaker mit Eiswürfeln kräftig
schütteln.

- 4 cl Gin
- 2 cl Calvados
- 1–2 cl Zitronensaft
- 1–2 cl Grenadine
- 1 Eiweiß

Bei einigen Pink-Lady-Rezepten
wird Gin, Calvados und Zitronensaft zu gleichen Teilen verwendet.
Andere wieder verwenden nur
wenig Grenadine. Einige lassen
Calvados oder Zitronensaft weg
oder verwenden nur ein halbes
Eiweiß. Für welches Rezept Sie
sich auch entscheiden – der Drink
ist immer eine Pink Lady.

CHERRY BLOSSOM

Im Shaker mit Eiswürfeln kräftig
schütteln.

- 2 cl Cognac
- 2 cl Cherry Brandy
- 1 cl Cointreau
- 1 cl Grenadine
- 2 cl Zitronensaft

SMOOTH CANADIAN

4 cl **Canadian Whisky**
2 cl **Cointreau**
4 cl **Kirschsaft**
2 cl **Lime Juice Cordial**

Im Shaker mit Eiswürfeln kräftig schütteln und auf einige Eiswürfel abgießen. Eine halbe Zitronen-scheibe, eine Cocktailkirsche und zwei kurze Trinkhalme dazugeben.

WARD EIGHT

5 cl **Canadian Whisky**
2 cl **Zitronensaft**
2 cl **Orangensaft**
1 cl **Grenadine**

Im Shaker mit Eiswürfeln kräftig schütteln. Eine Zitronenscheibe an den Glasrand stecken und zwei kurze Trinkhalme dazugeben.

DALLAS (1989)

3 cl **Bourbon Whiskey**
2 cl **Apricot Brandy**
4 cl **Maracujanektar**
1 cl **Zitronensaft**

Im Shaker kräftig mit Eiswürfeln schütteln. Ein Aprikosenstück an den Glasrand stecken und eine Cocktailkirsche daran spießen.

SWEET COCKTAILS

Sie sind aufgrund ihrer süßen Komponenten die
idealen After-Dinner-Drinks. Bei den überwiegenden
Rezepturen dieser Gruppe wird mit der Zugabe
von Sahne gemixt.
Die klassischen Rezepte bestehen aus einer
Spirituose, einem Likör und Sahne. Oftmals werden
auch zwei Liköre verwendet oder etwas Fruchtsaft
dazugegeben. Aufgrund des Sahneanteils müssen diese
Drinks natürlich geschüttelt werden. Sweet Cocktails
serviert man wie die Medium Cocktails
in Cocktailschalen.
Verschiedene Rezepte bestehen nur aus einer
Spirituose und einem Likör. Wieder anderen setzt man
eine Sahnehaube auf. Die jeweilige Zubereitungsart
und welches Glas man verwendet, ist bei den
Rezepten angegeben.

GRASSHOPPER

3 cl **Crème de Menthe
    Grün**
3 cl **Crème de Cacao Weiß**
3–6 cl **Sahne**

Mit Eiswürfeln im Shaker kräftig
schütteln.
Anmerkung: Das Verhältnis der Zutaten kann man nach Geschmack
(z. B. drei gleiche Teile) verändern.

SWEET MARIA

3 cl **Wodka**
3 cl **Amaretto**
4–6 cl **Sahne**

Mit Eiswürfeln im Shaker kräftig
schütteln.
Anmerkung: Das Verhältnis der
Zutaten kann man nach Belieben
verändern.

BRANDY
ALEXANDER

4 cl **Cognac**
2 cl **Crème de Cacao
    Braun**
4–6 cl **Sahne**

Mit Eiswürfeln im Shaker kräftig
schütteln.
Mit etwas Muskat bestreuen.
Anmerkung: Das Verhältnis der Zutaten kann man nach Geschmack
(z. B. drei gleiche Teile) verändern.

COFFEE GRASSHOPPER

3 cl **Crème de Menthe Grün**
3 cl **Kaffeelikör**
3–6 cl **Sahne**

Mit Eiswürfeln im Shaker kräftig schütteln.
Anmerkung: Das Verhältnis der Zutaten kann man nach Geschmack (z. B. drei gleiche Teile) verändern.

KAHLÚA ALEXANDER

4 cl **Kahlúa**
2 cl **Cognac**
4–6 cl **Sahne**

Mit Eiswürfeln im Shaker kräftig schütteln.
Mit etwas Muskat bestreuen.
Anmerkung: Das Verhältnis der Zutaten läßt sich variieren.

BARBARA

4 cl **Wodka**
2 cl **Crème de Cacao Braun**
4–6 cl **Sahne**

Mit Eiswürfeln im Shaker kräftig schütteln.
Anmerkung: Das Verhältnis der Zutaten kann man nach Belieben verändern.

SILVER JUBILEE

3 cl **Gin**
3 cl **Crème de Banane**
4–6 cl **Sahne**

Mit Eiswürfeln im Shaker kräftig
schütteln.

BAKED ALMONDS
(1983)

3 cl **Amaretto**
3 cl **Crème de Cacao**
    Braun
4–6 cl **Sahne**

Mit Eiswürfeln im Shaker kräftig
schütteln.

WHITE CLOUD

4 cl **Wodka**
2 cl **Crème de Cacao Weiß**
2 cl **Sahne**
1 cl **flüssige Cream**
    of Coconut

Mit Eiswürfeln im Shaker kräftig
schütteln.

GIN ALEXANDER

4 cl Gin
2 cl Crème de Cacao Weiß
4–6 cl Sahne

Mit Eiswürfeln im Shaker kräftig schütteln.
Mit etwas Muskat bestreuen.
Anmerkung: Das Verhältnis der Zutaten läßt sich variieren.

ALEXANDER'S SISTER

4 cl Gin
2 cl Crème de Menthe
**   Grün**
4–6 cl Sahne

Mit Eiswürfeln im Shaker kräftig schütteln.
Anmerkung: Das Verhältnis der Zutaten kann man nach Geschmack (z. B. drei gleiche Teile) verändern.

BLUE HAWAII

2 cl weißer Rum
2 cl Cointreau
2 cl Curaçao Blue
4–6 cl Sahne

Mit Eiswürfeln im Shaker kräftig schütteln.

GOLDEN CADILLAC

3 cl **Liquore Galliano**
3 cl **Crème de Cacao Weiß**
4–6 cl **Sahne**

Mit Eiswürfeln im Shaker kräftig
schütteln.
Anmerkung: Das Verhältnis der Zutaten kann man nach Geschmack
(z. B. drei gleiche Teile) verändern.

GOLDEN TORPEDO

3 cl **Liquore Galliano**
3 cl **Amaretto**
6 cl **Sahne**

Mit Eiswürfeln im Shaker kräftig
schütteln.
Anmerkung: Das Verhältnis der Zutaten kann man nach Geschmack
(z. B. drei gleiche Teile) verändern.

FROGGY (1984)

3 cl **Liquore Galliano**
3 cl **Curaçao Blue**
3 cl **Orangensaft**
3 cl **Sahne**

Mit Eiswürfeln im Shaker kräftig
schütteln.

CHERRY BANANA

4 cl Cherry Brandy
2 cl Crème de Banane
4–6 cl Sahne

Mit Eiswürfeln im Shaker kräftig schütteln.
Anmerkung: Das Verhältnis der Zutaten läßt sich je nach Geschmack variieren.

MALIBU MINT

4 cl Malibu
2 cl Crème de Menthe Grün
4–6 cl Sahne

Mit Eiswürfeln im Shaker kräftig schütteln.

GOLDEN OLDIE

3 cl Liquore Galliano
3 cl Scotch Whisky
3 cl Orangensaft
3 cl Sahne

Mit Eiswürfeln im Shaker kräftig schütteln.

LADY'S DREAM

3 cl **Canadian Whisky**
3 cl **Cointreau**
2 cl **Erdbeersirup**
3 cl **Ananassaft**
3 cl **Sahne**

Mit Eiswürfeln im Shaker kräftig
schütteln.
Eine Erdbeere einschneiden und
an den Glasrand stecken.

RÊVE D'OR

4 cl **Grand Marnier C. R.**
1 cl **Liquore Galliano**
2 cl **Sahne**
4 cl **Orangensaft**

Mit Eiswürfeln im Shaker kräftig
schütteln.

GODFATHER

4 cl **Scotch Whisky**
2 cl **Amaretto**

In einen Tumbler auf einige Eiswürfel geben und verrühren.

MIDNIGHT EXPRESS

3 cl Cognac
2 cl Chocolat Liqueur
1 cl Crème de Menthe
    Grün
4–6 cl Sahne

Mit Eiswürfeln im Shaker kräftig schütteln.

GOLDEN DREAM

3 cl Liquore Galliano
3 cl Cointreau
3 cl Orangensaft
3 cl Sahne

Mit Eiswürfeln im Shaker kräftig schütteln.

HOT SHOT

2 cl Liquore Galliano
2 cl heißer Kaffee
leicht geschlagene Sahne

In ein kleines Glas den Galliano geben und darauf langsam und vorsichtig den Kaffee gießen. Die leicht geschlagene Sahne als Haube darauf setzen.

BLACK RUSSIAN

3 cl **Wodka**
3 cl **Coffee Liqueur**
    oder
4 cl **Wodka**
2 cl **Coffee Liqueur**

Wodka und Coffee Liqueur mit Eiswürfeln im Rührglas gut verrühren und durch das Barsieb in ein vorgekühltes Cocktailglas oder einen Tumbler mit Eiswürfeln abgießen.

WHITE RUSSIAN

3 cl **Wodka**
3 cl **Coffee Liqueur**
    oder
4 cl **Wodka**
2 cl **Coffee Liqueur**

Wodka und Coffee Liqueur mit Eiswürfeln im Rührglas gut verrühren und abgießen.
Etwas leicht geschlagene Sahne als Haube darauf setzen.

RED RUSSIAN

4 cl **Wodka**
2 cl **Cherry Brandy**

Mit Eiswürfeln im Rührglas gut verrühren und durch das Barsieb in ein vorgekühltes Glas oder einen Tumbler mit Eiswürfeln abgießen.

RUSTY NAIL

4 cl Scotch Whisky
2 cl Drambuie
   oder
3 cl Scotch Whisky
3 cl Drambuie

Mit Eiswürfeln im Rührglas gut
verrühren und durch das Barsieb
in ein vorgekühltes Cocktailglas
abgießen oder „on the rocks"
servieren.

B AND B

2 cl Bénédictine D.O.M.
2 cl Cognac

Hier bieten sich mehrere Arten
der Zubereitung an:
Bénédictine und Cognac in einen
Cognacschwenker geben und
durch leichtes Schwenken vermischen.

oder:
Bénédictine und Cognac mit
Eiswürfeln im Rührglas gut vermischen und durch das Barsieb
in einen Schwenker, ein vorgekühltes Cocktailglas oder einen
Tumbler mit Eiswürfeln abgießen.

CHAMPAGNER COCKTAILS UND DRINKS

Die Möglichkeiten, die Champagner beim Mixen bietet, sind groß. Champagner eignet sich – ob leicht aromatisiert, mit Säften und Fruchtpürees oder in Verbindung mit Spirituosen und Likören – je nach Zusammensetzung für viele Gelegenheiten. Die idealen alkoholischen Zutaten sind Cognac, Calvados, Bitter Aperitifs und Liköre. Aus diesen Verbindungen oder aus Kombinationen untereinander oder mit Fruchtsäften bestehen die meisten der erfolgreichen Kreationen. Obwohl es Klassiker auf der Basis von z. B. Gin oder Rum gibt, rate ich von Rezepturen mit den beiden vorgenannten Spirituosen und auch von der Verwendung von Wodka, Whisky und Obstbrand ab. Der zum Mixen verwendete Champagner sollte stets trocken (brut) und gut gekühlt sein. In einen Champagner Cocktail gehört unbedingt Champagner. Natürlich kann man auch gute trockene Sektsorten verwenden. Deutsche und internationale Hersteller bieten eine große Zahl von hervorragenden Qualitäten an. Die Entscheidung Champagner oder Sekt ist letztlich eine Preisfrage. Mixt man mit Sekt, dann sollte man auch dazu stehen und von Sekt Cocktails sprechen. Weitere Champagner/Sekt Drinks finden sich bei den Aperitifs.

Champagner Cocktails

CHAMPAGNER COCKTAIL CLASSIC

**1 Stück Würfelzucker
2–3 Spritzer Angostura
Champagner**

Den Würfelzucker ins Glas geben und mit Angostura tränken. Einen Eiswürfel dazugeben und mit kaltem Champagner auffüllen.
Mit einer Zitronenschale abspritzen und diese dazugeben.

ALFONSO

**1 Stück Würfelzucker
2 Spritzer Angostura
4 cl Dubonnet Rouge
Champagner**

– Zubereitung wie Champagner Cocktail Classic – mit einer Zitronenschale abspritzen und diese dazugeben.

CHAMPAGNER COCKTAIL MODERN STYLE

**1 Stück Würfelzucker
1 Spritzer Angostura
1 cl Cognac
1 cl Grand Marnier C. R.
Champagner**

– Zubereitung wie Champagner Cocktail Classic – mit einer Orangenschale abspritzen und diese dazugeben.

GABRIELA
(1984)

2 cl Triple Lime Liqueur
1 cl Calvados
1 cl Tawny Port
Champagner

Die Zutaten ohne Champagner im Rührglas mit Eiswürfeln gut vermischen und abgießen. Mit kaltem Champagner auffüllen.
Mit einer Zitronenschale abspritzen und diese mit einer Cocktailkirsche ins Glas geben.

MAX JOSEPH
(1978)

2 Spritzer Orangen Bitter
2 cl Calvados
1 cl White Port Dry
1 cl Apricot Brandy
Champagner

– Zubereitung wie Gabriela –
mit einer Orangenschale abspritzen und diese mit einer Cocktailkirsche ins Glas geben.

OHIO

2 Spritzer Angostura
2 cl Vermouth Rosso
2 cl Canadian Whisky
2 cl Curaçao Orange
Champagner

– Zubereitung wie Gabriela –
eine Cocktailkirsche dazugeben.

COINTREAU FIESTA

2 cl Cointreau
1 cl Crème de Banane
Champagner

Den Cointreau und den Crème de Banane mit einem Eiswürfel in ein Champagnerglas geben und mit kaltem Champagner auffüllen. Mit einer Orangenschale abspritzen und diese dazugeben.

PRINCE OF WALES

2 Spritzer Angostura
1 cl Curaçao Orange
2 cl Cognac
Champagner

In einen Silberbecher oder ein mittelgroßes Longdrinkglas einige Eiswürfel geben. Angostura, Curaçao und Cognac dazugießen und mit kaltem Champagner auffüllen.
Eine halbe Orangenscheibe und zwei Cocktailkirschen dazugeben.

RITZ

2 cl **Cointreau**
2 cl **Cognac**
4 cl **Orangensaft**
Champagner

Die Zutaten ohne Champagner
mit Eiswürfeln im Shaker kräftig
schütteln und abgießen.
Mit kaltem Champagner auffüllen.

FLYING

2 cl **Zitronensaft**
2 cl **Cointreau**
2 cl **Gin**
Champagner

Die Zutaten ohne Champagner
mit Eiswürfeln im Shaker kräftig
schütteln und abgießen.
Mit kaltem Champagner auffüllen.

FRENCH „75"

1–2 cl **Zuckersirup**
2–3 cl **Zitronensaft**
4 cl **Gin**
Champagner

Die Zutaten ohne Champagner
mit Eiswürfeln im Shaker kräftig
schütteln und abgießen.
Mit kaltem Champagner auffüllen.

RED KISS

2 cl brauner Rum
2 cl Kirschlikör
4 cl Ananassaft
Champagner

Die Zutaten ohne Champagner
mit Eiswürfeln im Shaker kräftig
schütteln und abgießen.
Mit kaltem Champagner auffüllen.
Einen Spieß mit Cocktailkirschen
und Ananasstücken über den
Glasrand legen.

STERNSTUNDE

2 cl Calvados
2 cl Cointreau
4 cl Maracujanektar
Champagner

Die Zutaten ohne Champagner
mit Eiswürfeln im Shaker kräftig
schütteln und abgießen.
Mit kaltem Champagner auffüllen.
Einen Karambolestern mit einer
Cocktailkirsche an den Glasrand
stecken.

GRAND MARNIER
À L'ORANGE

2 cl Grand Marnier C. R.
6 cl Orangensaft
Champagner

Die Zutaten ohne Champagner
mit Eiswürfeln im Shaker kräftig
schütteln und abgießen.
Mit kaltem Champagner auffüllen.
Eine halbe Orangenscheibe dazugeben.

ROSANNA

3 cl Campari
1 cl Grand Marnier C. R.
4 cl Orangensaft
Champagner

Die Zutaten ohne Champagner
mit Eiswürfeln im Shaker kräftig
schütteln und abgießen.
Mit kaltem Champagner auffüllen.
Eine Erdbeere an den Glasrand
stecken.

SPARKLING STRAW-BERRY (1989)

2 cl Erdbeersirup
1 cl Apricot Brandy
2 cl Cognac
4 cl Ananassaft
Champagner

Die Zutaten ohne Champagner mit Eiswürfeln im Shaker kräftig schütteln und abgießen.
Mit kaltem Champagner auffüllen.
Eine Erdbeere an den Glasrand stecken.

SOUTHERN TRIP

4 cl Southern Comfort
4 cl Orangensaft
Champagner

Southern Comfort und Orangensaft mit Eiswürfeln in ein Longdrinkglas geben und mit kaltem Champagner auffüllen.
Mit einem Barlöffel leicht umrühren.
Mit einer Orangenscheibe und einer Cocktailkirsche garnieren.

PICK ME UP

1 Spritzer Angostura
2 cl Zitronensaft
1 cl Grenadine
4 cl Cognac
Champagner

Die Zutaten ohne Champagner mit Eiswürfeln im Shaker kräftig schütteln und abgießen.
Mit kaltem Champagner auffüllen.

WOLFIS MÖRDERDRINK

3 cl ungekühlter Himbeergeist
2 cl Curaçao Blue
1 cl Curaçao Triple Sec
Champagner

Den Himbeergeist und die Curaçaos in eine Cocktailschale geben und unter leichtem Rühren anzünden. Das Öl von einem Stück Orangenschale in die Flamme spritzen
Die Orangenschale und drei Cocktailkirschen in das Glas geben und mit sehr kaltem Champagner auffüllen.

APERITIFS

Als Aperitif (von lateinisch aperire = öffnen) bezeichnet man Getränke, die vor dem Essen getrunken werden. Sie sollen von der Menge her nicht zu reichlich bemessen sein, damit sie den Magen nicht belasten. In den europäischen Mittelmeerländern genießt der Aperitif seit jeher ein hohes Ansehen.

Ob Bitter-Aperitif, anishaltige Getränke, Vermouth, weinhaltige Aperitifs oder trockene Südweine, der kleine Drink – in Abstimmung mit den Speisen – ist immer angebracht. Er regt die Geschmacksnerven an, macht Appetit und verkürzt die Wartezeit vor dem Essen. Auch ein Glas Champagner oder Sekt ist immer die richtige Wahl. Nicht vergessen sollte man das kleine Bier, das in den letzten Jahren auch salonfähig geworden ist. Des weiteren eignen sich die herben Mischungen unter den Champagner Cocktails, alle Dry Cocktails und einige der Medium Cocktails.

Hier, bei den Aperitif-Rezepten, finden sich viele international bekannte Kreationen, die sich wegen ihrer anregenden Zutaten allesamt bestens zum Genuß vor dem Essen eignen.

KIR ROYAL

1 cl Crème de Cassis
10 cl Champagner Brut

Den Cassis in ein Champagnerglas geben und mit kaltem Champagner auffüllen.

Diese exzellente Mischung wird auch gerne mit
Crème de Framboise (Himbeere),
Crème de Mure (Brombeere),
Pêche (Pfirsich) oder
Fraise des Bois (Walderdbeere)
getrunken.

KIR CASSIS

1 cl Crème de Cassis
10 cl weißer Burgunder

Den Cassis in ein Weißweinglas geben und mit kaltem Burgunder (z. B. Aligoté) auffüllen.
Dieser klassische französische Aperitif wird auch gerne mit Crème de Framboise getrunken.

PEACH VELVET

3 cl Pfirsich-Likör
1 cl Grenadine
3 cl Orangensaft
Champagner oder Sekt

Die Zutaten ohne Champagner/
Sekt im Shaker mit Eiswürfeln
kräftig schütteln und abgießen.
Mit kaltem Champagner/Sekt
auffüllen.

NEGRONI

2 cl Campari Bitter
2 cl Vermouth Rosso
2 cl Gin
Sodawasser

Campari, Vermouth und den Gin
mit Eiswürfeln in ein Longdrinkglas
geben. Gut verrühren, mit einer
Orangenschale abspritzen und
diese dazugeben. Sodawasser
dazu separat servieren.

MARGARET ROSE

3 cl Campari Bitter
trockener Sekt,
Champagner oder
Prosecco Spumante

Den Campari Bitter mit einem
Eiswürfel in ein Kelchglas geben
und mit kaltem Sekt usw. auffüllen.
Mit einer Orangenschale abspritzen und diese dazugeben.

AMERICANO

**3 cl Campari Bitter
3 cl Vermouth Rosso
Sodawasser**

Den Campari und den Vermouth mit Eiswürfeln in ein Longdrinkglas geben. Gut verrühren, mit einer Orangenschale abspritzen und diese dazugeben. Sodawasser dazu separat servieren.

CAMPARI ORANGE

**4 cl Campari Bitter
Orangensaft**

In ein Longdrinkglas einige Eiswürfel geben und den Campari dazugießen. Mit Orangensaft auffüllen. Eine halbe Orangenscheibe in den Drink geben.

CAMPARI BLOSSOM

**4 cl Campari Bitter
4 cl Orangensaft
trockener Sekt,
Champagner oder
Prosecco Spumante**

Campari Bitter und Orangensaft mit einigen Eiswürfeln in ein Longdrinkglas geben und mit kaltem Sekt usw. aufgießen.
Leicht umrühren und eine halbe Orangenscheibe dazugeben.

CAMPARI SHAKERATO

5 cl Campari Bitter

Mit einigen Eiswürfeln im Shaker gut schütteln und durch das Barsieb in ein kleines Stielglas abgießen.

ITALIAN GIPSY

4 cl Aperol
4 cl Orangen- oder
Grapefruitsaft
trockener Sekt,
Champagner oder
Prosecco Spumante

Den Aperol und den Saft mit einigen Eiswürfeln in ein Longdrinkglas geben und mit kaltem Sekt usw. aufgießen. Leicht umrühren und eine halbe Orangenscheibe dazugeben.

APEROL ROYAL

4 cl Aperol
trockener Sekt,
Champagner oder
Prosecco Spumante

Den Aperol mit einem Eiswürfel in ein Kelchglas geben und mit kaltem Sekt usw. auffüllen. Eine halbe Orangenscheibe dazugeben.

BELLINI

weiße Pfirsiche
trockener Sekt,
Champagner oder
Prosecco Spumante

Pfirsiche schälen, das Fruchtfleisch pürieren. Etwas Pfirsichmus
in eine Cocktailschale geben und
mit kaltem Sekt usw. langsam aufgießen. Während des Aufgießens
mit einem Barlöffel leicht umrühren. Zur Geschmacks-
abrundung kann ein Spritzer
Zitronensaft und/oder etwas
Pfirsichlikör dazugegeben werden.

PIMM'S N° I CUP

5 cl Pimm's N° 1
Sprite,
Seven up oder
Ginger Ale

In den speziellen Pimm's Glaskrug
oder in ein Longdrinkglas einige
Eiswürfel geben und den Pimm's
dazugießen. Mit einer der Limonaden auffüllen. Je eine halbe Oran-
gen- und Zitronenscheibe, eine
Cocktailkirsche und (klassisch)
eine Gurkenschale dazugeben.
– Pimm's Royal –
– wie Pimm's N° I Cup – anstelle
einer der Limonaden mit Champagner auffüllen.

MIMOSA

**¹/₃ Orangensaft
²/₃ trockener Sekt,
Champagner oder
Prosecco Spumante**

Den kalten Sekt usw. in einen Sekt-kelch geben und den Orangensaft dazugießen. Eine halbe Orangen-scheibe dazugeben.

PERROQUET

**4 cl Pernod oder Pastis
1 cl Pfefferminzsirup**

Mit Eiswürfeln in ein Longdrink-glas geben und mit einer Karaffe eiskaltem Wasser (zum Dazu-gießen) servieren.

TOMATE

**4 cl Pernod oder Pastis
1 cl Grenadine**

Mit Eiswürfeln in ein Longdrink-glas geben und mit einer Karaffe eiskaltem Wasser (zum Dazu-gießen) servieren.

Aperitifs

LONGDRINKS

Sie zählen heute zu den beliebtesten Mixgetränken. Die Vorläufer dieser Kategorie waren die einfachen – aber höchst beliebten – Mischungen einer Spirituose mit Tonic Water, Cola, Ginger Ale usw. (siehe Highball). Die neue, relativ junge Getränkegruppe der fruchtigen Mischungen mit Sirups, Säften usw. erfuhr seit den 70er Jahren einen enormen Aufschwung. Ermöglicht wurde dieser durch das erweiterte Angebot von Sirups, Fruchtsäften, Spirituosen und neuartigen Likören. Das geänderte Konsumverhalten und die Nachfrage nach exotischen Drinks (die man z. T. als Tourist kennengelernt hatte) führte parallel dazu zur Öffnung unzähliger Bars.

Doch zurück zum Longdrink: Statt der früheren klassischen Unterteilung in viele Getränkegruppen bezeichnet man heute fast alle Mixgetränke mit größeren Flüssigkeitsmengen als Longdrink. Das Angebot umfaßt unzählige Geschmacksrichtungen, da die verschiedenen Sirups, Creams, Säfte, Liköre und Spirituosen jede Möglichkeit zum Mixen bieten. Die idealen und beliebtesten Basis-Spirituosen sind dabei Gin, Wodka, Rum und Tequila.

Longdrinks sind Drinks für den Abend, für Partys und Geselligkeit. Sie müssen eiskalt sein und werden in der Regel in geraden, hohen Gläsern angerichtet. Auf Grund ihrer meist fruchtigen Zusammensetzung garniert man Longdrinks mit passenden Früchten.

CUBA LIBRE

4–6 cl weißer Rum
Cola

Eiswürfel ins Glas geben. Ein Zitronen-/Limettenstück darüber ausdrücken und dazugeben. Rum dazugießen und mit Cola auffüllen. Leicht umrühren und mit Stirrer servieren.

HARVEY WALLBANGER

4 cl Wodka
12 cl Orangensaft
1 cl Liquore Galliano

Eiswürfel ins Glas geben. Wodka und Orangensaft dazugießen und umrühren. Galliano darauf gießen und nicht mehr umrühren. Eine Orangenscheibe an den Glasrand stecken und mit Stirrer servieren.

FREDDY FUDPUCKER

4 cl weißer Tequila
12 cl Orangensaft
1 cl Liquore Galliano

Eiswürfel ins Glas geben. Tequila und Orangensaft dazugießen und umrühren. Galliano darauf gießen und nicht mehr umrühren. Eine Orangenscheibe an den Glasrand stecken und mit Stirrer servieren.

SCREW DRIVER

5 cl Wodka
12 cl Orangensaft

Eiswürfel ins Glas geben, den Wodka darübergießen und mit Orangensaft auffüllen. Gut umrühren, einen Stirrer und eine halbe Orangenscheibe dazugeben.

WOODY WOODPECKER

4 cl Cachaça
12 cl Orangensaft
1 cl Liquore Galliano

Eiswürfel ins Glas geben. Cachaça und Orangensaft dazugießen und umrühren. Galliano darauf gießen und nicht mehr umrühren. Eine Orangenscheibe an den Glasrand stecken und mit Stirrer servieren.

COMFORT COOLER

6 cl Southern Comfort
2 cl Limetten- oder
Zitronensaft
12 cl Ananassaft

Mit Eiswürfeln im Shaker kräftig schütteln und auf einige Eiswürfel abgießen.
Mit einer Limetten- oder Zitronenscheibe und einer Cocktailkirsche garnieren.

SPRINGTIME COOLER (1985)

4 cl Grasovka/Zubrovka
   Wodka
2 cl Curaçao Blue
6 cl Orangensaft
3 cl Zitronensaft
1 cl Zuckersirup

Mit Eiswürfeln im Shaker kräftig schütteln und auf einige Eiswürfel abgießen.
Einen Karambolestern an den Glasrand stecken und einige Cocktailkirschen in das Glas geben. Mit Trinkhalmem servieren.

MAI TAI

1 Limette
1 cl Limettensaft
1 cl Zuckersirup
1 cl Mandelsirup
2 cl Curaçao Triple Sec
   oder Cointreau
6 cl alter brauner Rum,
   z. B. Havana Club
   Extra Aged Dry oder
   Bacardi Facundo

Ein großes Old-Fashioned-Glas zur Hälfte mit zerschlagenen Eiswürfeln füllen. Die Limette vierteln, über dem Glas ausdrücken und die Stücke ins Glas geben. Die Zutaten mit Eiswürfeln im Shaker schütteln und durch das Barsieb in das vorbereitete Glas abgießen. Mit einem Barlöffel umrühren. Mit einem Ananasstück, Cocktailkirschen und Minzezweig garnieren. Zwei kurze Trinkhalme dazugeben.

SINGAPORE SLING

1 cl Grenadine
2–3 cl Zitronensaft
2 cl Cherry Brandy
4 cl Gin
einige Tropfen
    Bénédictine
Sodawasser

Die Zutaten – ohne Sodawasser und Bénédictine – mit Eiswürfeln im Shaker schütteln und auf Eiswürfel abgießen. Auf das verbliebene Eis im Shaker Sodawasser geben und damit den Drink auffüllen. Eine Zitronenscheibe und Cocktailkirschen ins Glas geben. Auf den Drink einige Tropfen Bénédictine geben. Mit Trinkhalmen servieren.

PLANTER'S PUNCH

1–2 cl Grenadine
1–2 cl Zitronensaft
5 cl Ananassaft
5 cl Orangensaft
3 cl weißer Rum
3 cl brauner Rum

Mit Eiswürfeln im Shaker kräftig schütteln und auf einige Eiswürfel abgießen. Mit einem Ananasstück und einer Cocktailkirsche garnieren. Trinkhalme dazugeben.
Anmerkung: Diesen fruchtigen Rum-Drink kann man auf viele Arten mit zueinander passenden Säften und Sirupen verändern. Das Verhältnis von weißem zu braunem Rum bestimmt den alkoholischen Geschmack.

ZOMBIE

2 cl Grenadine
2 cl Maracujasirup
4 cl Zitronensaft
4 cl Orangensaft
4 cl Ananassaft
2 cl Curaçao Triple Sec
oder wahlweise
Cointreau,
Pfirsichlikör,
Crème de Banane,
Apricot Brandy
4 cl weißer Rum
4 cl brauner Rum
2 cl hochprozentiger Rum,
z. B. Captain Morgan
oder Coruba

Ein großes Longdrinkglas zur Hälfte mit grob zerschlagenen Eiswürfeln füllen. Die Zutaten mit Eiswürfeln im Shaker gut schütteln und durch das Barsieb in das vorbereitete Glas abgießen.
Mit einem Ananasstück, einer Cocktailkirsche und einem Minzezweig garnieren. Trinkhalme dazugeben.

Anmerkung: Ein Zombie hat viele Gesichter. Lassen Sie auch hier – wie beim Planter's Punch – Ihrer Kreativität freien Lauf.

PINK SLING

1 cl **Grenadine**
2 cl **Zitronensaft**
10 cl **Ananassaft**
2 cl **Crème de Cassis**
4 cl **Gin**

Mit Eiswürfeln im Shaker kräftig schütteln und auf einige Eiswürfel abgießen.
Mit Ananasstück, Kiwischeibe und Cocktailkirsche garnieren.

YELLOW BIRD (1983)

4–6 cl **Orangensaft**
4–6 cl **Ananassaft**
2 cl **Liquore Galliano**
2 cl **Crème de Banane**
4 cl **brauner Rum**

Mit Eiswürfeln im Shaker kräftig schütteln und auf einige Eiswürfel abgießen.
Mit einem Ananasstück und einer Cocktailkirsche garnieren.

COCOSKISS (1980)

1 cl **Maracujasirup**
6 cl **Orangensaft**
6 cl **Ananassaft**
2 cl **weißer Rum**
4 cl **Malibu**

Mit Eiswürfeln im Shaker kräftig
schütteln und auf einige Eiswürfel
abgießen.
Mit einem Ananasstück und
einem Minzezweig garnieren.

FLORIDA SLING

1 cl **Grenadine**
2–3 cl **Zitronensaft**
6–8 cl **Ananassaft**
2 cl **Cherry Brandy**
4 cl **Gin**

Mit Eiswürfeln im Shaker kräftig
schütteln und auf einige Eiswürfel
abgießen.
Mit einem Ananasstück und einer
Cocktailkirsche garnieren.

KAHLÚA TROPICAL

2 cl **Kahlúa**
2 cl **weißer Tequila**
2 cl **Erdbeersirup**
1 cl **Zitronensaft**
6 cl **Orangensaft**
6 cl **Maracujanektar**

Mit Eiswürfeln im Shaker kräftig
schütteln und auf einige Eiswürfel
abgießen.
Eine Erdbeere an den Glasrand
stecken.

SCOTCH & PEACH
(1992)

4 cl **Scotch Whisky**
2 cl **Pfirsichlikör**
1 cl **Erdbeersirup**
2 cl **Zitronensaft**
10 cl **Orangensaft**

Mit Eiswürfeln im Shaker kräftig
schütteln und auf einige Eiswürfel
abgießen.
Mit einem Pfirsichstück und einer
Erdbeere garnieren.

STRAWBERRY COLADA

4 cl weißer Rum
2 cl Fraise des Bois
   und/oder
   frisches Erdbeermus
2–4 cl Cream of Coconut
   oder Kokossirup
2 cl Zitronensaft
10 cl Ananassaft

Die Zutaten im Elektromixer gut durchmixen.
Ein großes Longdrink-/Fantasieglas zur Hälfte mit grob zerschlagenen Eiswürfeln füllen und die Mischung dazugießen. Den Drink mit einem Barlöffel gut umrühren und zwei dicke Trinkhalme dazugeben.
Eine Erdbeere an den Glasrand stecken.

KAHLÚA COLADA

4 cl Kahlúa Licor de Café
2 cl weißer Rum
2 cl Cream of Coconut
   oder Kokossirup
2 cl Sahne
10 cl Ananassaft

Die Zutaten im Elektromixer gut durchmixen.
Ein großes Longdrink-/Fantasieglas zur Hälfte mit grob zerschlagenen Eiswürfeln füllen und die Mischung dazugießen. Den Drink mit einem Barlöffel gut umrühren und zwei dicke Trinkhalme dazugeben.
Mit einem Ananasstück und einer Cocktailkirsche garnieren.

GOLDEN COLADA

4 cl **Liquore Galliano**
2 cl **brauner Rum**
2 cl **Sahne**
2–4 cl **Cream of Coconut
        oder Kokossirup**
10 cl **Ananassaft**

Die Zutaten im Elektromixer gut
durchmixen.
Ein großes Longdrink-/Fantasieglas
zur Hälfte mit grob zerschlagenen
Eiswürfeln füllen und die Mischung
dazugießen. Den Drink mit einem
Barlöffel gut umrühren und zwei
dicke Trinkhalme dazugeben.
Mit einem Ananasstück und einer
Cocktailkirsche garnieren.

CHERRY COLADA

4 cl **weißer Rum**
2 cl **Cherry Brandy/
       Kirschlikör**
2 cl **Cream of Coconut
       oder Kokossirup**
2 cl **Zitronensaft**
10 cl **Ananassaft**

Die Zutaten im Elektromixer gut
durchmixen.
Ein großes Longdrink-/Fantasieglas
zur Hälfte mit grob zerschlagenen
Eiswürfeln füllen und die Mischung
dazugießen. Den Drink mit einem
Barlöffel gut umrühren und zwei
dicke Trinkhalme dazugeben.
Mit einem Ananasstück und einer
Cocktailkirsche garnieren.

CHI-CHI

4 cl **Cream of Coconut
oder Kokossirup**
10 cl **Ananassaft**
2 cl **Sahne**
6 cl **weißer Rum**

Die Zutaten im Elektromixer gut
durchmixen.
Ein großes Longdrink-/Fantasieglas
zur Hälfte mit grob zerschlagenen
Eiswürfeln füllen und die Mischung
dazugießen. Den Drink mit einem
Barlöffel gut umrühren und zwei
dicke Trinkhalme dazugeben.
Mit einem Ananasstück und einer
Cocktailkirsche garnieren.

ZORRO
(1986)

4 cl **weißer Tequila**
2 cl **Cointreau**
1 cl **Curaçao Blue**
4 cl **Grapefruitsaft**
Tonic Water

Die Zutaten – ohne Tonic Water –
mit Eiswürfeln im Shaker kräftig
schütteln und auf einige Eiswürfel
abgießen.
Mit kaltem Tonic Water auffüllen
und leicht umrühren.
Mit einer Orangenscheibe und
Cocktailkirschen garnieren.

FRENCHY

4 cl Cognac
2 cl Crème de Banane
6 cl Orangensaft
6 cl Ananassaft
1 cl Erdbeersirup

Mit Eiswürfeln im Shaker kräftig schütteln und auf einige Eiswürfel abgießen.
Eine Erdbeere an den Glasrand stecken.

BEACH BEAUTY (1989)

4 cl Wodka
2 cl Crème de Banane
1 cl Grenadine
4 cl Orangensaft
Tonic Water

Die Zutaten – ohne Tonic Water – mit Eiswürfeln im Shaker kräftig schütteln und auf einige Eiswürfel abgießen.
Mit kaltem Tonic Water auffüllen und leicht umrühren.
Eine halbe Orangenscheibe, Cocktailkirschen und Minzeblätter in das Glas geben.

SWIMMING POOL

4 cl **Wodka**
2 cl **Curaçao Blue**
2 cl **Sahne**
2–4 cl **Cream of Coconut**
10 cl **Ananassaft**

Die Zutaten im Elektromixer gut durchmixen.
Ein großes Longdrink-/Fantasieglas zur Hälfte mit grob zerschlagenen Eiswürfeln füllen und die Mischung dazugießen. Den Drink mit einem Barlöffel gut umrühren und zwei dicke Trinkhalme dazugeben.
Mit einem Ananasstück und Cocktailkirsche garnieren.

BLUE COBRA
(1989)

4 cl **Malibu Kokoslikör**
2 cl **Curaçao Blue**
4 cl **Ananassaft**
1 cl **Zitronensaft**
Tonic Water oder Sprite

Eine Orange spiralförmig schälen und die Schale mit einigen Eiswürfeln ins Glas geben.
Die Zutaten – ohne Limonade – im Shaker mit Eiswürfeln kräftig schütteln und abgießen. Nach Geschmack mit einer der Limonaden auffüllen und mit einem Barlöffel leicht umrühren.
Einige Cocktailkirschen dazugeben und mit Trinkhalmen servieren.

PIÑA COLADA

4 cl **Cream of Coconut**
      oder Kokossirup
10 cl **Ananassaft**
2 cl **Sahne**
6 cl **weißer Rum**

Die Zutaten im Elektromixer gut durchmixen.
Ein großes Longdrink-/Fantasieglas zur Hälfte mit grob zerschlagenen Eiswürfeln füllen und die Mischung dazugießen. Den Drink mit einem Barlöffel gut umrühren und zwei dicke Trinkhalme dazugeben.
Mit einem Ananasstück und einer Cocktailkirsche garnieren.
Anmerkung: Mehr Cream of Coconut macht den Drink süßer, mehr Ananassaft fruchtiger. Brauner Rum verstärkt den alkoholischen Geschmack, und ein Schuß Sahne macht ihn „rund" und schön weiß.

COCOCABANA

3 cl **Batida de Coco**
2 cl **weißer Rum**
2 cl **Lime Juice Cordial**
12 cl **Ananassaft**

Mit Eiswürfeln im Shaker kräftig schütteln und auf einige Eiswürfel abgießen.
Mit einer Kiwischeibe und einer Kapstachelbeere garnieren.

TROPIC CAMPARI (1985)

3 cl Campari
2 cl Gin
2 cl Grand Marnier C. R.
4 cl Orangensaft
Bitter Lemon

Die Zutaten – ohne Bitter Lemon – mit Eiswürfeln im Shaker kräftig schütteln und auf einige Eiswürfel abgießen.
Mit kaltem Bitter Lemon auffüllen und leicht umrühren.
Mit einem Fruchtspieß und einem Minzezweig garnieren.

CHARTREUSE COOLER

4 cl Chartreuse Gelb
6 cl Orangensaft
2 cl Zitronensaft
Bitter Lemon

Die Zutaten – ohne Bitter Lemon – mit Eiswürfeln im Shaker kräftig schütteln und auf einige Eiswürfel abgießen.
Mit kaltem Bitter Lemon auffüllen und leicht umrühren.
Mit einer Orangenscheibe garnieren.

JAMBALAYA
(1992)

**4 cl Jambosala-Maracuja-
        Tropic-Liqueur**
2 cl Wodka
1 cl Grenadine
6 cl Orangensaft
6 cl Ananassaft

Ein Longdrinkglas zur Hälfte mit gestoßenem Eis füllen.
Die Zutaten mit Eiswürfeln im Shaker kräftig schütteln und abgießen.
An den Glasrand je eine Karambole- und Kiwischeibe sowie eine Erdbeere stecken. Einen Minzezweig und Trinkhalme dazugeben.

YELLOW STAR
(1987)

2 cl Pernod oder Pastis
2 cl Crème de Banane
2 cl Gin
1 cl Maracujasirup
8 cl Orangensaft

Mit Eiswürfeln im Shaker kräftig schütteln und auf einige Eiswürfel abgießen.
Einen Spieß mit Bananenscheiben und Cocktailkirschen über den Glasrand legen.

ALLIGATOR
(1989)

2 cl **Pernod oder Pastis**
2 cl **Curaçao Blue**
1 **Spritzer Angostura**
12 cl **Maracujanektar**

Den Rand eines Longdrinkglases in einem Zitronenviertel drehen und in eine mit Zucker gefüllte Schale tupfen. Einige Eiswürfel in das Glas geben.
Die Zutaten mit Eiswürfeln im Shaker kräftig schütteln und ins Glas gießen.
Eine Zitronenscheibe an den Glasrand stecken.

RÉMY CUP

4 cl **Rémy Martin Cognac**
1 cl **Grenadine**
10 cl **Maracujanektar**

Im Shaker mit Eiswürfeln kräftig schütteln und auf einige Eiswürfel abgießen.
Ein Ananasstück mit einem kleinen Minzezweig an den Glasrand stecken.

FLORIDA COMFORT

5 cl **Southern Comfort**
2 cl **Zitronensaft**
2 cl **Grenadine**
10 cl **Orangensaft**

Mit Eiswürfeln im Shaker kräftig
schütteln und auf einige Eiswürfel
abgießen.
Mit einer Orangenscheibe
garnieren.

BOSSA NOVA

2 cl **Liquore Galliano**
2 cl **weißer Rum**
1 cl **Apricot Brandy**
1 cl **Zitronensaft**
10 cl **Ananassaft**

Mit Eiswürfeln im Shaker kräftig
schütteln und auf einige Eiswürfel
abgießen
Einen Spieß mit Kiwischeiben und
Erdbeeren über den Glasrand
legen.

GREEN POISON (1993)

2 cl Kokossirup
2 cl Zitronensaft
10 cl Maracujanektar
2 cl Curaçao Blue
4 cl weißer Tequila

Mit Eiswürfeln im Shaker kräftig schütteln und auf einige Eiswürfel abgießen.
Eine Zitronenscheibe an den Glasrand stecken und daran eine Cocktailkirsche spießen.

ELDORADO (1989)

5 cl weißer Tequila
1 cl Cointreau
1 cl Crème de Banane
4 cl Orangensaft
4 cl Ananassaft
4 cl Bananennektar

Mit Eiswürfeln im Shaker kräftig schütteln und auf einige Eiswürfel abgießen.
Mit einer Orangen- und Limettenscheibe sowie einer Cocktailkirsche garnieren.

COCOBANANA
(1993)

2 cl Bananensirup
6 cl Maracujanektar
6 cl Orangensaft
4 cl Batida de Coco
2 cl brauner Rum

Mit Eiswürfeln im Shaker kräftig schütteln und auf einige Eiswürfel abgießen.
Einen Spieß mit Bananenscheiben und Cocktailkirschen über den Glasrand legen.

CRAZY COCONUT
(1989)

4 cl Malibu Kokoslikör
2 cl Crème de Banane
1 cl Curaçao Blue
6 cl Ananassaft
6 cl Grapefruitsaft

Mit Eiswürfeln im Shaker kräftig schütteln und auf einige Eiswürfel abgießen.
Einen Spieß mit Kiwischeiben, Bananenscheiben und Cocktailkirschen über den Glasrand legen.

KINGSTON TOWN (1989)

3 cl Cointreau
3 cl weißer Rum
1 cl Crème de Banane
1 cl Curaçao Blue
12 cl Ananassaft

Mit Eiswürfeln im Shaker kräftig schütteln und auf einige Eiswürfel abgießen.
Eine Orangen- und eine Kiwischeibe an den Glasrand stecken und daran eine Cocktailkirsche spießen.

ISLAND QUEEN (1993)

1 cl Erdbeersirup
1 cl Zitronensaft
6 cl Orangensaft
6 cl Maracujanektar
2 cl Crème de Banane
4 cl brauner Rum

Mit Eiswürfeln im Shaker kräftig schütteln und auf einige Eiswürfel abgießen.
Mit einer Karambolescheibe und einer Erdbeere garnieren.

BLUE OCEAN (1993)

1 cl Maracujasirup
6 cl Grapefruitsaft
3 cl weißer Tequila
3 cl Curaçao Blue
Sprite oder Seven up

In ein großes Longdrinkglas einige
Eiswürfel, 2–3 dünne Zitronenscheiben und einige Cocktailkirschen geben.
Die Zutaten – ohne Limonade –
mit Eiswürfeln im Shaker kräftig
schütteln und ins vorbereitete
Glas abgießen.
Mit der Limonade auffüllen und
leicht umrühren.

SOUTHERN MAGIC

1 cl Grenadine
1 cl Zitronensaft
6 cl Ananassaft
6 cl Orangensaft
3 cl Southern Comfort
3 cl brauner Rum

Mit Eiswürfeln im Shaker kräftig
schütteln und auf einige Eiswürfel
abgießen.
Mit einem Pfirsichstück und einem
Minzezweig garnieren.

CORCOVADO

2 cl weißer Tequila
2 cl Curaçao Blue
1 cl Drambuie
Seven up oder Sprite

Ein Longdrinkglas zur Hälfte mit
gestoßenem Eis füllen. Die Liköre
und den Tequila dazugießen und
mit der Limonade auffüllen.
Eine Orangen- und eine Zitronenscheibe zusammen an den Glasrand stecken und daran eine
Cocktailkirsche spießen.

BAHAMA MAMA

2 cl brauner Rum
2 cl Malibu Kokoslikör
1 cl hochprozentiger Rum
1 cl Coffee Liqueur
2 cl Zitronensaft
12 cl Ananassaft

Mit Eiswürfeln im Shaker kräftig
schütteln und auf einige Eiswürfel
abgießen.
Eine Erdbeere an den Glasrand
stecken oder Cocktailkirschen
dazugeben.

LONG ISLAND ICE TEA

2 cl Wodka
2 cl Gin
2 cl weißer Rum
2 cl weißer Tequila
1 cl Zitronensaft
etwas Cola

Die Spirituosen und den Zitronensaft mit einigen Eiswürfeln in ein Longdrinkglas geben und gut umrühren.
Cola nach Geschmack dazugießen und nochmals leicht umrühren.
Zwei halbe Zitronenscheiben dazugeben.

TEQUILA SUNRISE

6 cl weißer Tequila
10 cl Orangensaft
1 cl Zitronensaft
1–2 cl Grenadine

Die Zutaten ohne Grenadine mit Eiswürfeln im Shaker kräftig schütteln und auf einige Eiswürfel abgießen.
Die Grenadine langsam darüberlaufen lassen.
Mit einer Orangenscheibe garnieren. Einen Stirrer dazugeben.

SOURS

Die Sours sind international bekannte, relativ konzentrierte Mix-Drinks, die dem geschmackprägenden Zitronensaft ihren Namen verdanken. Bis heute gelten sie als die idealen Drinks für den frühen Abend und als Starter für Unentschlossene. Der klassische Sour wird bis heute mit Whisky gemixt. Wie bei jedem erfolgreichen Rezept versuchte man auch hier, durch Verwendung anderer Spirituosen neue Varianten zu schaffen. Da Zitrone und Zucker eine ideale Verbindung mit Spirituosen eingehen, konnten sich auch weitere Sour-Rezepte etablieren. Klassenprimus ist aber nach wie vor der Whisky Sour, dem in gebührenden Abstand der Gin, Wodka, Tequila, Pisco und Brandy Sour folgen. Man serviert sie in kleinen, leicht bauchigen Sektkelchen, kann sie aber – auf Wunsch – auch im kleinen Tumbler „on the rocks" anrichten.

WHISKY SOUR

5 cl **Bourbon, Canadian
oder American
Blended Whiskey**
3 cl **Zitronensaft**
2 cl **Zuckersirup**

Im Shaker mit Eiswürfeln kräftig
schütteln und abgießen.
Eine halbe Orangenscheibe und
eine Cocktailkirsche auf einem
Spieß über den Glasrand legen.

AMARETTO SOUR

5 cl **Amaretto**
3 cl **Zitronensaft**
2 cl **Orangensaft**

Im Shaker mit Eiswürfeln kräftig
schütteln und abgießen.

GRAND MARNIER
SOUR

4 cl **Grand Marnier C. R.**
4 cl **Orangensaft**
2 cl **Zitronensaft**

Im Shaker mit Eiswürfeln kräftig
schütteln und abgießen.

CHARTREUSE SOUR

4 cl **Chartreuse Gelb**
oder Grün
3 cl **Zitronensaft**
2 cl **Orangensaft**
evtl. **etwas Zuckersirup**

Im Shaker mit Eiswürfeln kräftig
schütteln und abgießen.

GIN SOUR

5 cl **Gin**
3 cl **Zitronensaft**
2 cl **Zuckersirup**

Im Shaker mit Eiswürfeln kräftig
schütteln und abgießen.

CHERRY SOUR

4 cl **Cherry Brandy**
3 cl **Zitronensaft**
2 cl **Orangensaft**
evtl. **etwas Zuckersirup**

Im Shaker mit Eiswürfeln kräftig
schütteln und abgießen.

WODKA SOUR

5 cl Wodka
3 cl Zitronensaft
2 cl Zuckersirup

Im Shaker mit Eiswürfeln kräftig
schütteln und abgießen.

TEQUILA SOUR

5 cl weißer Tequila
3 cl Zitronensaft
2 cl Zuckersirup

Im Shaker mit Eiswürfeln kräftig
schütteln und abgießen.

PISCO SOUR

5 cl Pisco
3 cl Zitronensaft
2 cl Zuckersirup

Im Shaker mit Eiswürfeln kräftig
schütteln und abgießen.
(Hier existieren verschiedene
Rezepte, denen etwas Eiweiß und /
oder Angostura zugegeben wird.)

BRANDY SOUR

5 cl **Cognac oder Brandy**
3 cl **Zitronensaft**
2 cl **Zuckersirup**

Im Shaker mit Eiswürfeln kräftig schütteln und abgießen.

COMFORT SOUR

5 cl **Southern Comfort**
3 cl **Zitronensaft**
2 cl **Orangensaft**

Im Shaker mit Eiswürfeln kräftig schütteln und abgießen.

DRAMBUIE SOUR

5 cl **Drambuie**
3 cl **Zitronensaft**
2 cl **Orangensaft**

Im Shaker mit Eiswürfeln kräftig schütteln und abgießen.

FIZZES/COLLINSES

Fizzes

Die Fizzes zählen zu den bekanntesten Bargetränken. Neben dem Gin Fizz wurden der Whisky, Brandy, Silver und Golden Fizz bereits vor der Jahrhundertwende in amerikanischen Cocktailbüchern in der heutigen Zusammensetzung erwähnt. Fizzes sind von einer einfachen Struktur. Sie bestehen in der Regel aus einer Spirituose, Zucker und Zitronensaft. Diese Zutaten werden lange und kräftig geschüttelt. Dann gießt man die Mischung durch ein Barsieb in ein schlankes, mittelgroßes Glas ohne Stiel und füllt mit kaltem Sodawasser auf. Fizzes werden ohne Garnitur und den oft praktizierten Zuckerrand serviert.

Collinses

Der bekannteste Collins, der Tom Collins, geht wie auch der John Collins auf bereits vor der Jahrhundertwende bekannte Rezepturen zurück. Der Tom Collins wurde damals mit dem leicht gesüßten Old Tom Gin, der John Collins mit dem Genever-ähnlichen, trockeneren Holland-Gin gemixt. In der heutigen Zeit, die fast ausschließlich den London-Dry-Gin-Typ kennt, stellt sich die Frage Tom oder John Collins nicht mehr. Beide Namen sind dem mit London Dry Gin zubereiteten Collins vorbehalten. Bei seiner Entstehung wurde der Collins direkt im Trinkglas gerührt, korrektes Schütteln sorgt aber für eine bessere Vermischung.

GIN FIZZ

5 cl Gin
3 cl Zitronensaft
2 cl Zuckersirup
Sodawasser

Den Shaker zur Hälfte mit Eiswürfeln füllen.
Die Zutaten – ohne Sodawasser – dazugeben und lange und kräftig schütteln. Durch das Barsieb in ein Fizzglas (kleines Longdrinkglas) abgießen. Auf das im Shaker verbliebene Eis etwas Sodawasser geben und damit den Fizz auffüllen.

SILVER FIZZ

5 cl Gin
3 cl Zitronensaft
2 cl Zuckersirup
1 Eiweiß
Sodawasser

– wie Gin Fizz – zusätzlich wird ein Eiweiß mitgeschüttelt.

GOLDEN FIZZ

5 cl Gin
3 cl Zitronensaft
2 cl Zuckersirup
1 Eigelb
Sodawasser

– wie Gin Fizz – zusätzlich wird ein Eigelb mitgeschüttelt.

NEW ORLEANS FIZZ

5 cl Gin
3 cl Zitronensaft
2 cl Zuckersirup
3 Spritzer Orangen-
   blütenwasser
2 cl Sahne
1/2 Eiweiß
Sodawasser

Den Shaker zur Hälfte mit Eiswürfeln füllen.
Die Zutaten – ohne Sodawasser –
dazugeben und lange und kräftig
schütteln. Durch das Barsieb in ein
Fizzglas (kleines Longdrinkglas)
abgießen.
Auf das im Shaker verbliebene Eis
etwas Sodawasser geben und damit den Fizz auffüllen.

DUBONNET FIZZ

5 cl Dubonnet Rouge
1 cl Cherry Brandy
4 cl Orangensaft
1 cl Zitronensaft
Sodawasser

Den Shaker zur Hälfte mit Eiswürfeln füllen.
Die Zutaten – ohne Sodawasser –
dazugeben und lange und kräftig
schütteln. Durch das Barsieb in ein
Fizzglas (kleines Longdrinkglas)
abgießen.
Auf das im Shaker verbliebene Eis
etwas Sodawasser geben und damit den Fizz auffüllen.

PINEAPPLE FIZZ

5 cl weißer Rum
2 cl Zitronensaft
1 cl Zuckersirup
6 cl Ananassaft
Sodawasser

Den Shaker zur Hälfte mit Eiswürfeln füllen.
Die Zutaten – ohne Sodawasser – dazugeben und lange und kräftig schütteln. Durch das Barsieb in ein Fizzglas (kleines Longdrinkglas) abgießen.
Auf das im Shaker verbliebene Eis etwas Sodawasser geben und damit den Fizz auffüllen.

PINK ROSE FIZZ

5 cl Gin
3 cl Zitronensaft
1 cl Zuckersirup
1 cl Grenadine
1/2 Eiweiß
Sodawasser

Den Shaker zur Hälfte mit Eiswürfeln füllen.
Die Zutaten – ohne Sodawasser – dazugeben und lange und kräftig schütteln. Durch das Barsieb in ein Fizzglas (kleines Longdrinkglas) abgießen.
Auf das im Shaker verbliebene Eis etwas Sodawasser geben und damit den Fizz auffüllen.

TOM COLLINS

5 cl Gin
3 cl Zitronensaft
2 cl Zuckersirup
Sodawasser

Den Shaker zur Hälfte mit Eiswürfeln füllen.
Die Zutaten – ohne Sodawasser – dazugeben und kräftig schütteln. Durch das Barsieb in ein Longdrinkglas auf einige Eiswürfel abgießen. Auf das im Shaker verbliebene Eis etwas Sodawasser geben und damit den Drink auffüllen. Eine halbe Zitronenscheibe und zwei Cocktailkirschen dazugeben.

Man mixt mit:
Wodka – Wodka bzw. Joe Collins
Cognac – Pierre Collins
Braunem Rum – Rum Collins
Weißem Rum – Pedro Collins
Calvados – Jack Collins
Pisco – Pisco Collins
Bourbon Whiskey – Colonel Collins
Canadian Whisky – Captain Collins
Scotch Whisky – Sandy Collins
Irish Whiskey – Mike Collins
Tequila – Tequila Collins

FANCY DRINKS

Fancy bedeutet Phantasie, und dieser verdanken wohl einige der nachfolgenden Rezepte ihre Entstehung. Die hier aufgeführten Rezepte sind auf Grund ihrer Zubereitung bei den anderen Gruppen nicht einzuordnen. Den berühmten amerikanischen Blue-Hour-Drink „Old Fashioned", der als Urvater der Cocktails gilt, könnte man zwar auch bei den Dry Cocktails einordnen, den Caipirinha und sein Gefolge bei den Medium Cocktails und Moscow Mule, Horse's Neck und die Bloody Mary mit ihren Verwandten bei den Longdrinks.
Doch wie gesagt:
Die Zubereitungsart verschlug sie hierher.
Die meisten der Fancy Drinks sind oder waren, früher oder jetzt, internationale Berühmtheiten und gehören zum festen Repertoire eines versierten Barmixers. Seltsamerweise eignen sich alle klassischen Fancy Drinks (mit Ausnahme der sehr eigenständigen Apotheke und dem modernen Cointreau Tropical) für geübte Bargänger als Rund-um-die-Uhr-Drink.

OLD FASHIONED

1 Stück Würfelzucker
2–3 Spritzer Angostura
5 cl Bourbon Whiskey

In ein Old-Fashioned-Glas den Würfelzucker geben und mit Angostura tränken. Etwas klares Wasser dazugeben und den Würfelzucker mit einem Barlöffel zerdrücken. Das Glas mit Eiswürfeln füllen und den Whiskey dazugießen.
Mit dem Barlöffel gut umrühren, eine Cocktailkirsche und je eine halbe Orangen- und Zitronenscheibe dazugeben.
Anmerkung: Diesen klassischen American Drink kann man auch mit Canadian, American Blended oder Scotch Whisky mixen.

BLACK VELVET

Champagner Brut
Guinness Stout

Einen großen Kelch zur Hälfte mit kaltem Champagner füllen und mit kaltem Guinness Stout aufgießen. Bei dieser Vorgehensweise schäumt der Drink weniger, verliert weniger Kohlensäure und bleibt dadurch frischer.

BATIDA DE MEL

**1–2 Limetten
(je nach Saftgehalt
und Größe)
6 cl Cachaça
6 cl Lime Juice Cordial
1 Barlöffel Honig**

In einen großen Tumbler einige Eiswürfel geben. Die Limetten vierteln, den Saft in das Glas pressen und einige der Limettenviertel dazugeben. Den Cachaça und den Lime Juice dazugießen und mit einem Barlöffel gut verrühren. Den Honig auf den fertigen Drink fließen lassen. Zwei kurze, dicke Trinkhalme dazugeben.

MOSCOW MULE

**1–2 Limetten
(je nach Saftgehalt)
6 cl Wodka
0,2 l Ginger Ale (Original
mit Ginger Beer)**

Einen Metallkrug zur Hälfte mit Eiswürfeln füllen. Die Limetten vierteln, den Saft in den Krug pressen und einige der Limettenviertel dazugeben. Den Wodka dazugießen, mit Ginger Ale auffüllen und eine dünne Gurkenschale dazugeben.

Mexican Mule
– wie Moscow Mule – anstelle von Wodka wird weißer Tequila verwendet.

MOJITO

**¹/₂ Teelöffel sehr feiner
  weißer Rohrzucker
¹/₂ –1 Limette
   (je nach Saftgehalt
   und Größe)
6 cl weißer Rum
Sodawasser
Minzezweige**

In ein großes Becherglas den
Zucker und etwas Sodawasser
geben.
Die Limette vierteln, den Saft
darüber auspressen und die
Limettenstücke mit ins Glas geben.
Mit einem Holzstößel die Limetten
im Glas nochmals ausdrücken.
Mit einem Barlöffel gut verrühren.
Einige Minzezweige dazugeben,
mit dem Holzstößel die Stiele zerquetschen, ohne die Blätter zu
beschädigen. Das Glas mit grob
zerschlagenen Eisstücken füllen,
den weißen Rum und etwas
Sodawasser dazugeben.
Mit einem Barlöffel nochmals gut
umrühren. Zwei passende, dicke
Trinkhalme dazugeben.

BLOODY MARY

5 cl Wodka
1 cl Zitronensaft
frisch gemahlener Pfeffer
Selleriesalz
2 Spritzer Tabasco
3–5 Spritzer Worcester-
      shiresauce
12 cl Tomatensaft

In ein Longdrinkglas auf einige Eiswürfel die Gewürze, den Zitronensaft und den Wodka geben.
Mit dem Tomatensaft auffüllen und mit einem Barlöffel in einer Spirale von oben nach unten kräftig vermischen.
Ein Stück Stangensellerie dazugeben oder eine Zitronenscheibe an den Glasrand stecken.

Bloody Maria
– wie Bloody Mary – anstelle von Wodka wird Tequila verwendet.

Danish Mary
– wie Bloody Mary – anstelle von Wodka wird Aquavit verwendet.

Cubanito
– wie Bloody Mary – anstelle von Wodka wird weißer Rum verwendet.

CAIPIRINHA

1–2 Limetten
 (je nach Saftgehalt
 und Größe)
6 cl Cachaça
1–2 cl Rohrzuckersirup
(oder sehr feiner weißer
Rohrzucker)

Die Limetten vierteln, den Saft in einen großen Tumbler ausdrücken und die Limettenstücke mit ins Glas geben.
Mit einem Holzstößel die Limetten-stücke im Glas nochmals aus-drücken.
Den Cachaça und den Zuckersirup (bzw. feinen weißen Rohrzucker) dazugeben und mit einem Barlöffel gut umrühren.
Das Glas mit Eiswürfeln oder grob zerschlagenen Eiswürfeln füllen und nochmals umrühren.
Zwei kurze, dicke Trinkhalme dazugeben.

CAIPIROVKA

1–2 Limetten
(je nach Saftgehalt
und Größe)
6 cl Wodka
1–2 cl Rohrzuckersirup
(oder sehr feiner weißer
Rohrzucker)

– wie Caipirinha – anstelle von
Cachaça wird Wodka verwendet.

CAIPIRISSIMA

1–2 Limetten
(je nach Saftgehalt
und Größe)
6 cl weißer Rum
1–2 cl Rohrzuckersirup
(oder sehr feiner weißer
Rohrzucker)

– wie Caipirinha – anstelle von
Cachaça wird weißer Rum
verwendet

BULL SHOT

5 cl **Wodka**
einige Spritzer
Zitronensaft
frisch gemahlener **Pfeffer**
Selleriesalz
1 Spritzer **Tabasco**
einige Spritzer
Worcestershiresauce
12 cl **Consommé**

In ein Longdrinkglas auf einige Eiswürfel die Gewürze, den Zitronensaft und den Wodka geben.
Mit der Consommé auffüllen und mit einem Barlöffel in einer Spirale von oben nach unten gut vermischen.
Anmerkung: Um den Geschmack der Consommé zu erhalten, empfiehlt sich vorsichtiges Würzen.

BLOODY BULL

5 cl **Wodka**
einige Spritzer
Zitronensaft
frisch gemahlener **Pfeffer**
Selleriesalz
1 Spritzer **Tabasco**
einige Spritzer
Worcestershiresauce
6 cl **Tomatensaft**
6 cl **Consommé**

In ein Longdrinkglas auf einige Eiswürfel die Gewürze, den Zitronensaft und den Wodka geben.
Mit der Consommé auffüllen und mit einem Barlöffel in einer Spirale von oben nach unten gut vermischen.
Anmerkung: Um den Geschmack der Consommé zu erhalten, empfiehlt sich vorsichtiges Würzen.

APOTHEKE

2 cl **Fernet Branca**
2 cl **Carpano Punt e Mès**
2 cl **Crème de Menthe**

In ein vorgekühltes Cocktailglas einen Eiswürfel geben. Die Zutaten dazugießen und mit dem Barlöffel kurz umrühren. Den Eiswürfel wieder herausnehmen.

EL DIABLO

1 **Limette**
5 cl **weißer Tequila**
2 cl **Crème de Cassis**
Ginger Ale

Eiswürfel ins Glas geben. Den Saft der Limette ins Glas pressen und Limettenstücke dazugeben. Tequila und Cassis dazugießen und gut vermischen. Ginger Ale auffüllen.

HORSE'S NECK

6 cl **Bourbon Whiskey**
2 Spritzer **Angostura**
0,2 l **Ginger Ale**
Zitronenspirale

Die Zeste ins Glas geben und ein Ende über den Glasrand hängen lassen. Eiswürfel, Angostura und Whiskey dazugeben. Mit Ginger Ale auffüllen. Zwei Trinkhalme und einen Stirrer dazugeben.

FLIPS/EGG NOGS

Flips

Flips sind bekömmliche, magenfreundliche Mix-Drinks, die immer ein Eigelb enthalten. Die Klassiker unter ihnen, wie z. B. der Port, Sherry und der Brandy Flip, wurden früher lediglich mit Eigelb und etwas Zucker gemixt. Ich runde wegen der besseren Konsistenz seit jeher die meisten Rezepte mit etwas Sahne ab. Flips schüttelt man mit großen, trockenen Eiswürfeln kurz und kräftig, gießt sie dann durch das Barsieb in mittelgroße Stielgläser oder Sektkelche und reibt eine Prise Muskatnuß darüber.

Egg Nogs

In alten amerikanischen Schriftstücken wird bereits 1775 der Egg Nog erwähnt. Das englische Wort „noggin" war die Bezeichnung für ein kleines Trinkgefäß bzw. Getränk. Als alkoholische Basis wurden hauptsächlich Rum, Brandy, Whiskey und Sherry verwendet, die mit Ei, Milch und Zucker vermischt und kalt oder warm getrunken wurden. Für einen kalten Egg Nog wurden die Zutaten einfach im Glas verrührt. Beim heißen Egg Nog erhitzte man die Milch und gab sie zu den anderen, bereits verrührten Zutaten. Die Rezepte sind sehr wandelbar. Man kann z. B. Brandy, Whiskey oder Rum Egg Nogs mit etwas Sherry, Port oder Madeira abrunden. Die Menge der Milch ist natürlich für die Intensität eines Egg Nog von Belang.

ORANGEN FLIP

3 cl **Curaçao Triple Sec**
   oder Cointreau
2 cl **Gin**
4 cl **Orangensaft**
1 cl **Zuckersirup**
2 cl **Sahne**
1 **Eigelb**

Mit Eiswürfeln im Shaker kräftig
schütteln und abgießen.
Etwas Muskat darüberreiben.

BANANEN FLIP

3 cl **Crème de Banane**
2 cl **Gin**
1 cl **Bananensirup**
2 cl **Sahne**
1 **Eigelb**

Mit Eiswürfeln im Shaker kräftig
schütteln und abgießen.
Etwas Muskat darüberreiben.

ZITRONEN FLIP

3 cl **Curaçao Triple Sec**
     oder Cointreau
2 cl **Gin**
2 cl **Zitronensaft**
1 cl **Zuckersirup**
2 cl **Sahne**
1 **Eigelb**

Mit Eiswürfeln im Shaker kräftig
schütteln und abgießen.
Etwas Muskat darüberreiben.

PORTO FLIP

4 cl **roter Portwein**
1 cl **Cognac oder Brandy**
1 **Eigelb**
1 cl **Zuckersirup**
2 cl **Sahne**

Mit Eiswürfeln im Shaker kurz und
kräftig schütteln und abgießen.
Etwas Muskat darüberreiben.

BOSTON FLIP

3 cl **Bourbon Whiskey**
3 cl **Madeira**
1 cl **Zuckersirup**
2 cl **Sahne**
1 **Eigelb**

Mit Eiswürfeln im Shaker kurz und kräftig schütteln und abgießen. Etwas Muskat darüberreiben.

PORTO FLIP NORMAND

3 cl **Calvados**
3 cl **roter Portwein**
2 cl **Sahne**
1 cl **Zuckersirup**
1 **Eigelb**

Mit Eiswürfeln im Shaker kurz und kräftig schütteln und abgießen. Etwas Muskat darüberreiben.

BUTTERFLY FLIP

2 cl **Crème de Cacao Braun**
3 cl **Cognac oder Brandy**
2 cl **Sahne**
1 **Eigelb**

Mit Eiswürfeln im Shaker kurz und kräftig schütteln und abgießen. Etwas Muskat darüberreiben.

CHAMPAGNER FLIP

1 **Eigelb**
2 cl **Sahne**
1 cl **Zuckersirup**
1 cl **Cognac oder Brandy**
4 cl **Weißwein**
Champagner

Die Zutaten ohne Champagner mit großen Eiswürfeln im Shaker kurz und kräftig schütteln.
Vorsichtig in einen großen Kelch abgießen, mit Champagner auf-füllen und Muskat darüberreiben.

EGG NOG CLASSIC

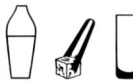

1 Ei
1 cl Zuckersirup
2 cl Sahne
2 cl Cognac oder Brandy
4 cl brauner Rum
ca. 12 cl Milch

Mit Eiswürfeln im Shaker kräftig
schütteln und abgießen.
Etwas Muskat darüberreiben.

BALTIMORE EGG NOG

1 Ei
1 cl Zuckersirup
2 cl Sahne
1 cl brauner Rum
2 cl Cognac oder Brandy
4 cl Madeira
etwa 12 cl Milch

Mit Eiswürfeln im Shaker kräftig
schütteln und abgießen.
Etwas Muskat darüberreiben.

BRANDY
EGG NOG

1 Ei
1 cl Zuckersirup
2 cl Sahne
6 cl Cognac oder Brandy
etwa 12 cl Milch

Mit Eiswürfeln im Shaker kräftig
schütteln und abgießen.
Etwas Muskat darüberreiben.

ALKOHOLFREIE MIXGETRÄNKE

Sie bestehen hauptsächlich aus Fruchtsäften und Sirup. Doch auch Sahne, Milch, Speiseeis, Früchte und entalkoholisierter schäumender Wein werden verwendet.

In der Regel sind die „Alkoholfreien" Longdrinks, und ihre Geschmacksskala reicht von süß bis säuerlich. Während man bis vor zwanzig Jahren lediglich ein paar armselige Mischungen von Limonaden mit Sirup kannte, hat diese Gruppe inzwischen einen enormen Zuwachs erzielt und sich einen festen Platz in jeder Barkarte erobert. Nicht nur dem Gesundheitsbewußtsein und der Angst um den Führerschein ist dieser Aufschwung zu verdanken, maßgebend war das Angebot an Säften und neuartigen Sirups, die diese Entwicklung erst ermöglichten. Die meisten alkoholfreien Drinks werden mit Früchten garniert. Trinkhalme sollte man dann dazugeben.

Sie sind Getränke für jede Tageszeit, eignen sich aber nicht als Before- oder After-Dinner-Drinks.

PUSSY FOOT

2 cl Grenadine
6 cl Ananassaft
6 cl Orangensaft
6 cl Grapefruitsaft

Mit Eiswürfeln im Shaker kräftig
schütteln und auf einige Eiswürfel
abgießen.
Ein Ananasstück an den Glasrand
stecken.

ALICE

1–2 cl Grenadine
2 cl Sahne
8 cl Orangensaft
8 cl Ananassaft

Mit Eiswürfeln im Shaker kräftig
schütteln und auf einige Eiswürfel
abgießen.
Mit einer Orangenscheibe und
einer Cocktailkirsche garnieren.

ORANGE VELVET

1–2 cl Mandelsirup
2 cl Sahne
8 cl Orangensaft
8 cl Maracujanektar

Mit Eiswürfeln im Shaker kräftig
schütteln und durch das Barsieb in
ein Longdrinkglas auf einige Eiswürfel abgießen.
Mit einer Orangenscheibe und
einer Cocktailkirsche garnieren.

ANDREA
(1988)

2 cl **Curaçao blau Sirup**
2 cl **Mandelsirup**
2 cl **Zitronensaft**
14 cl **Orangensaft**

Mit Eiswürfeln im Shaker kräftig schütteln und auf einige Eiswürfel abgießen.
Mit einer Orangenscheibe und einer Cocktailkirsche garnieren.

FRUIT PUNCH

2 cl **Mangosirup**
4 cl **Maracujanektar**
4 cl **Ananassaft**
4 cl **Orangensaft**
4 cl **Grapefruitsaft**

Mit Eiswürfeln im Shaker kräftig schütteln und auf einige Eiswürfel abgießen.
Mit Fruchtstücken garnieren.

RED STAR

2 cl **Kokossirup**
8 cl **Sauerkirschnektar**
10 cl **gekühlter Cantor**

Den Kokossirup und den Sauerkirschnektar in eine große Cocktailschale geben. Gut verrühren, einige Eiswürfel dazugeben und mit Cantor auffüllen.

PUSSY CAT

2 cl Grenadine
4 cl Orangensaft
4 cl Ananassaft
10 cl gekühlter Cantor

Die Grenadine und die Säfte in ein Longdrinkglas auf einige Eiswürfel geben.
Mit einem Barlöffel gut verrühren. Mit Cantor aufgießen und nochmals leicht umrühren.
Ein Ananasstück an den Glasrand stecken und daran eine Cocktailkirsche spießen. Trinkhalme dazugeben.

Anmerkung: Cantor ist ein schäumender, entalkoholisierter Wein.

FLORIDA (1982)

2 cl Maracujasirup
2 cl Zitronensaft
5 cl Orangensaft
5 cl Grapefruitsaft
5 cl Ananassaft

Mit Eiswürfeln im Shaker kräftig schütteln und auf einige Eiswürfel abgießen.
Mit Fruchtstücken garnieren.

FIESTA (1982)

2 cl **Himbeersirup**
2 cl **Sahne**
8 cl **Orangensaft**
8 cl **Maracujanektar**

Mit Eiswürfeln im Shaker kräftig schütteln und auf einige Eiswürfel abgießen.
Mit Fruchtstücken garnieren.

SPEEDY GONZA-LEZ (1989)

2 cl **Curaçao blau Sirup**
6 cl **Maracujanektar**
6 cl **Grapefruitsaft**
6 cl **Bananennektar**

Mit Eiswürfeln im Shaker kräftig schütteln und auf einige Eiswürfel abgießen.
Mit Erdbeeren und Karambole-scheiben garnieren.

TIZIAN

10 cl **roter Traubensaft**
10 cl **gekühlter Cantor**

In ein Longdrinkglas einige Eis-würfel geben. Den Traubensaft dazugießen und mit Cantor auffül-len. Mit roten Trauben garnieren und einen Trinkhalm dazugeben.

BANANA MILK SHAKE

1/2 **Banane**
1 Kugel Vanilleeis
2 cl Bananensirup
15 cl kalte Milch

Alle Zutaten im Elektromixer gut durchmixen und abgießen. Zwei dicke Trinkhalme dazugeben.

TRAUBEN FLIP (1982)

2 cl Himbeersirup
1 Eigelb
10 cl kalte Milch
10 cl roter Traubensaft

Mit Eiswürfeln im Shaker kräftig schütteln und abgießen.

TROPICAL

2 cl Mandelsirup
2 cl Pfefferminzsirup
kalte Milch

Die beiden Sirups in ein Longdrink-glas geben, mit kalter Milch auf-füllen und mit einem Barlöffel umrühren.

STRAWBERRY CUP

2 cl Erdbeersirup
2 Erdbeeren
10 cl gekühlter Cantor

Die Erdbeeren in Scheiben schneiden und mit einigen Eiswürfeln in eine große Cocktailschale geben. Den Erdbeersirup dazugießen und mit gut gekühltem Cantor auffüllen. Einen kleinen Zweig Zitronenmelisse dazugeben und eine Erdbeere an den Glasrand stecken.

CINDERELLA (1989)

1 cl Grenadine
2 cl Kokossirup
2 cl Sahne
8 cl Orangensaft
8 cl Ananassaft

Mit Eiswürfeln im Shaker kräftig schütteln und auf einige Eiswürfel abgießen
Einen Spieß mit Cocktailkirschen und Bananenscheiben über den Glasrand legen.

YELLOW ORCHID (1989)

2 cl **Grenadine**
2 cl **Lime Juice Cordial**
1 cl **Zitronensaft**
6 cl **Grapefruitsaft**
10 cl **Orangensaft**

Mit Eiswürfeln im Shaker kräftig schütteln und durch das Barsieb in ein Longdrinkglas auf einige Eiswürfel abgießen. Erdbeeren und Melonenstücke auf einen Cocktailspieß stecken und diesen über den Glasrand legen.

CARIBBEAN FRUIT-PUNCH (1993)

2 cl **Curaçao blau Sirup**
2 cl **Lime Juice Cordial**
2 cl **Zitronensaft**
6 cl **Maracujanektar**
6 cl **Ananassaft**

Mit Eiswürfeln im Shaker kräftig schütteln und auf einige Eiswürfel abgießen.
Mit einer Orangenscheibe und zwei Cocktailkirschen garnieren.

BABY PIÑA COLADA

4 cl Cream of Coconut
    oder Kokossirup
2 cl Sahne
16 cl Ananassaft

Im Elektromixer gut durchmixen.
Ein großes Longdrinkglas zur Hälfte
mit grob zerschlagenen Eiswürfeln
füllen und die Mischung dazugießen. Mit einem Barlöffel gut umrühren und zwei dicke Trinkhalme
dazugeben.
Ein Ananasstück an den Glasrand
stecken und daran eine Cocktailkirsche spießen.
(Siehe auch Piña Colada bei Longdrinks.)

VIRGIN MARY

1 cl Zitronensaft
frisch gemahlener Pfeffer
Selleriesalz
2 Spritzer Tabasco
3–5 Spritzer Worcester-
    shiresauce
20 cl Tomatensaft

In ein Longdrinkglas auf einige Eiswürfel die Gewürze und den
Zitronensaft geben. Mit dem
Tomatensaft auffüllen und mit
einem Barlöffel in einer Spirale von
unten nach oben gut vermischen.
Ein Stück Stangensellerie dazugeben oder eine Zitronenscheibe
an den Glasrand stecken.

HOT DRINKS

Die Bezeichnung Hot Drinks steht als Oberbegriff
für heiße Getränke, unter denen der Irish Coffee
das bekannteste ist. Vielerlei Spirituosen und Liköre
eignen sich zum Genuß in Verbindung mit Kaffee,
Tee, Schokolade, Milch oder heißem Wasser. Im
weiteren Sinne zählen auch erhitzter Wein
(z. B. Glühwein) und Grog zu dieser Getränkegruppe.

IRISH COFFEE

**4 cl Irish Whiskey
1–2 Barlöffel brauner
 Zucker
1 Tasse heißer Kaffee
leicht geschlagene Sahne**

Whiskey und Zucker in ein vorgewärmtes Stielglas geben, bis
einen Finger breit unter den Glasrand mit heißem Kaffee füllen, gut
verrühren und mit Hilfe eines Barlöffels die Sahne darauf geben.

HOT TODDY

**5 cl Gin
3 cl Zitronensaft
2 cl Zuckersirup
Zitronenscheibe, Nelken,
Zimtstange**

Gin, Zitronensaft und den Zuckersirup in einem Gefäß erhitzen und
dann in ein feuerfestes Glas geben.
Mit heißem Wasser auffüllen.
Die Zitronenscheibe mit einigen
Nelken spicken und mit der Zimtstange dazugeben.

Anmerkung: Zum Hot Toddy eignen
sich auch Cognac, Whisky und
brauner Rum.

JAMAICA COFFEE

3 cl brauner
   Jamaica Rum
2 cl Tia Maria
1 Barlöffel brauner
   Zucker
1 Tasse heißer Kaffee
leicht geschlagene Sahne

Rum, Tia Maria und Zucker in ein vorgewärmtes Stielglas geben, bis einen Finger breit unter den Glasrand mit heißem Kaffee füllen, gut verrühren und mit Hilfe eines Barlöffels die Sahne darauf geben.

RÜDESHEIMER KAFFEE

4 cl Asbach Uralt
3 Stück Würfelzucker
heißer Kaffee
mit Vanillezucker gesüßte
   Schlagsahne
Schokoladenraspel
   (Bitterschokolade)

In einen vorgewärmten „Rüdesheimer-Kaffee"-Becher oder eine große Tasse den Asbach Uralt und den Würfelzucker geben.
Mit einem langen Streichholz anzünden und eine Minute brennen lassen. Mit einem Barlöffel umrühren und dabei mit heißem Kaffee bis ca. 2 cm unter den Becherrand auffüllen.
Eine Sahnehaube darauf setzen und diese mit Schokoladenraspel bestreuen.

HOT CHOCOLATE

4 cl brauner Rum
1 Tasse heiße
  Schokolade
steif geschlagene Sahne
Schokoladenraspel

Den Rum in eine vorgewärmte
Tasse geben und die heiße
Schokolade dazugießen.
Die Sahne als Haube darauf setzen
und mit Schokoladenraspel
bestreuen.

HOT
COCO-CHOCO

4 cl Malibu Kokoslikör
1 Tasse heiße
  Schokolade
steif geschlagene Sahne
Schokoladenraspel

Den Kokoslikör in eine vorgewärmte Tasse geben und die
heiße Schokolade dazugießen.
Die Sahne als Haube darauf setzen
und mit Schokoladenraspel
bestreuen.

PEPE'S CAFÉ

3 cl Tequila Gold
2 cl Kahlúa
1 Barlöffel brauner
   Zucker
1 Tasse heißer Kaffee
leicht geschlagene Sahne

Tequila, Kahlúa und Zucker in ein vorgewärmtes Stielglas geben, bis einen Finger breit unter den Glasrand mit heißem Kaffee füllen, gut verrühren und mit Hilfe eines Barlöffels die Sahne darauf geben.

ORANGENPUNCH (1978)

4 cl brauner Rum
2 cl Cointreau
2 cl Zimtsirup
6 cl Orangensaft
1 Tasse heißer
   schwarzer Tee

Rum, Cointreau, Sirup und den Saft in einem Gefäß erhitzen und in eine vorgewärmte Tasse geben. Den heißen Tee dazugießen und eine mit Nelken gespickte Orangenscheibe in den Orangenpunch geben.

PHARISÄER

4 cl brauner Rum
1 Tasse heißer Kaffee
1 Barlöffel Zucker
leicht geschlagene Sahne

Rum und Zucker in eine vorgewärmte Tasse geben und den
heißen Kaffee dazugießen. Kurz
umrühren und die Sahne mit Hilfe
eines Barlöffels darauf geben.

HOT MILK PUNCH

4 cl Cognac oder Brandy
1 Barlöffel Zucker
heiße Milch

Cognac/Brandy und den Zucker
in eine vorgewärmte Tasse geben
und die heiße Milch dazugießen.
Etwas Muskat darüberreiben.

CAFÉ COINTREAU

4 cl Cointreau
1 Barlöffel Zucker
1 Tasse heißer Kaffee
leicht geschlagene Sahne

Cointreau und Zucker in ein vorgewärmtes Stielglas geben, bis einen Finger breit unter den Glasrand mit heißem Kaffee füllen. Gut verrühren und mit Hilfe des Barlöffels die Sahne darauf geben.

· ·

Nach dem gleichen Rezept und mit den gleichen Zutaten wie beim Café Cointreau lassen sich viele weitere Hot Drinks herstellen:

Marnissimo
mit Grand Marnier Cordon Rouge
Café Bénédictine
mit Bénédictine D.O.M.
Roman Coffee
mit Liquore Galliano
Café Royal
mit Chartreuse
Italian Coffee
mit Amaretto
After Eight
mit je 2 cl Crème de Menthe Grün
und Crème de Cacao Braun

· ·

HIGHBALLS

Der klassische Highball war eine einfache Mischung von Whisky oder Brandy mit Eiswürfeln und Sodawasser. Dies hat sich bis heute nur insoweit verändert, daß man auch Ginger Ale verwendet und ein langes Stück Zitronenschale dazugibt. Im weiteren Sinne sind alle der heute bekannten, mit kohlensäurehaltigen Limonaden aufgefüllten Drinks Highballs, für die sich jedoch bei uns die Bezeichnung Longdrink durchgesetzt hat.

Die Möglichkeiten zum „Verlängern" der Spirituosen begann parallel mit der Entwicklung neuer Limonaden. Drinks wie Rum mit Cola oder Gin mit Tonic Water waren in kürzester Zeit weltweit bekannt und haben bis heute ihren festen Platz auf jeder Barkarte.

Weiterhin etablierten sich im Laufe der Jahre Drinks wie Wodka mit Tonic Water oder Bitter Lemon, Whisky mit Ginger Ale, Seven up oder Sprite; Southern Comfort mit Ginger Ale oder American Blended Whiskey mit Seven up (Seagram's Seven Crown mit Seven up = Seven-Seven). Die Zubereitung ist denkbar einfach:

Man gibt immer 4 cl der gewünschten Spirituose mit Eiswürfeln in ein Longdrinkglas, die dazugehörende Limonade wird separat serviert. Bei Gin-, Wodka- und Rum-Drinks gibt man eine halbe Zitronenscheibe dazu.

CRUSTAS/JULEPS
FRAPPÉS

Crustas

Die Bezeichnung Crusta verdankt diese klassische Drink-Kategorie einem Zuckerrand, der jeden Crusta ziert. Dazu dreht man ein ballonförmiges Weinglas mit der Öffnung nach unten in einem Zitronenviertel und tupft es dann in eine Schale mit Streuzucker. Ins Crustaglas gehört immer eine ganze, in Spiralform geschnittene Zitronenschale. Die jeweiligen Zutaten werden mit Eiswürfeln im Shaker kräftig geschüttelt und durch das Barsieb in das Glas gegossen. Zum fertigen Drink gibt man immer Trinkhalme.

Juleps

Die Heimat der Juleps sind die Südstaaten der USA. Ihre Sonderstellung unter den Mixgetränken begründet sich in der Art der Zubereitung und der Verwendung von frischer Minze. Juleps werden mit verschiedenen Spirituosen und Likören hergestellt. Der Klassiker unter ihnen ist der Mint Julep.

Frappés

Ein Glas mit gestoßenem Eis füllen. Vom gewünschten Likör 5 cl darübergießen und zwei kurze Trinkhalme dazugeben. Als Klassiker gilt der Crème de Menthe Frappé. International bekannt sind auch Frappés mit Bénédictine D.O.M., Anisette und Chartreuse.

BRANDY CRUSTA

Zitronenspirale
4 cl Cognac oder Brandy
1 cl Curaçao Triple Sec
oder Cointreau
1 cl Maraschino
1–2 cl Zitronensaft
1–2 Spritzer Angostura

Das Glas mit einem Zuckerrand versehen und die Zitronenspirale hineingeben.
Die Zutaten mit Eiswürfeln im Shaker gut schütteln und durch das Barsieb in das Glas abgießen. Trinkhalme dazugeben.

BOURBON CRUSTA

Zitronenspirale
4 cl Bourbon Whiskey
1 cl Curaçao Triple Sec
oder Cointreau
1 cl Maraschino
1–2 cl Zitronensaft
1–2 Spritzer Angostura

Das Glas mit einem Zuckerrand versehen und die Zitronenspirale hineingeben.
Die Zutaten mit Eiswürfeln im Shaker gut schütteln und durch das Barsieb in das Glas abgießen. Trinkhalme dazugeben.

MINT JULEP

ca. 10 Minzeblätter
1 Barlöffel Streuzucker
2 cl klares Wasser
10 cl Bourbon, Canadian
    oder American
    Blended Whiskey

In ein großes, hohes Longdrinkglas die Minzeblätter, den Streuzucker und das Wasser geben. Mit einem Holzstößel oder Barlöffel die Blätter gut zerdrücken. Das Glas bis zur Hälfte mit fein zerschlagenem Eis füllen, mit dem Barlöffel gut vermischen und so lange rühren, bis das Glas beschlagen ist. Den Whiskey dazugießen und nochmals umrühren. Ein oder zwei Minzezweige anfeuchten, die Blätter einritzen und diese an den Glasrand stellen. Das Glas mit zerschlagenem Eis auffüllen und so lange umrühren, bis das ganze Glas frostig ist. Die Minzezweige dabei festhalten. Zwei lange Trinkhalme in den Julep stecken und 2 cm über der Minze abschneiden. Die Minze mit Puderzucker bestäuben.

Brandy Julep
mit Cognac oder Brandy
Champagner Julep
mit 6 cl Cognac und Champagner
Southern Comfort Julep
mit Southern Comfort

BOWLEN

Ihren Namen verdankt die Bowle der englischen Bezeichnung für Schüssel = bowl. Die im Sommer so beliebten Bowlen haben ihre Vorläufer in den Kräuter- und Gewürzweinen des späten Mittelalters. Sie eignen sich hervorragend als leichtes Sommergetränk in den Nachmittags- und Abendstunden.

Daß Bowlen im Sommer Hochsaison haben, liegt nicht nur daran, daß sommerliche Temperaturen leichtere Getränke erfordern, sondern auch an der Haupterntezeit der einheimischen Obstsorten. Da aber auch exotische Obstkonserven und Tiefkühlprodukte zu haben sind und man jederzeit frische Früchte zur Verfügung hat, ist es kein Problem, zu jeder Jahreszeit eine Bowle anzusetzen. Ihre Beliebtheit verdankt die Bowle auch dem Umstand, daß sich unsere einheimischen Weine ausgezeichnet dazu eignen.

Es ist nicht nötig, Spitzenweine in die Bowle zu geben, aber Qualitätsweine der Mittelklasse sollten verwendet werden.

Mit der Einführung von alkoholfreiem, schäumendem Wein lassen sich nun auch alkoholfreie Bowlen zubereiten. Anstelle des Weins verwendet man dann auch alkoholfreien, schäumenden Wein (z. B. Cantor).

Für eine Bowle benötigt man:

1. Ein Bowlengefäß mit Eiseinsatz oder eine Glasschüssel, die man in ein größeres Gefäß stellt. Der Zwischenraum wird dann mit Eisstücken ausgefüllt.

2. Bowlentassen (mit Henkel) oder Gläser.

3. Obst (frisch, aus der Dose oder tiefgefroren).

4. Eiswürfel oder Eisstücke.

5. Wein und Sekt bzw. Champagner.

Bei der Zubereitung sollte man einige Tips beachten:

1. Die Früchte möglichst mit Wein ansetzen und nicht mit destilliertem Alkohol.

2. Nur wenig Zucker verwenden. Wenn man nachsüßen will, dann nur mit Zuckersirup, um heftiges Umrühren zu vermeiden.

3. Keine Eiswürfel oder Eisstücke in die Bowle geben, sondern Gefäße mit Eiseinsatz verwenden.

4. Die Bowle im Kühlschrank ziehen lassen, jedoch darauf achten, daß sie keine fremden Gerüche annimmt.

5. Wein und Sekt bzw. Champagner erst vor dem Servieren zugeben. Nach der Weinzugabe etwas umrühren. Ist mit Sekt aufgefüllt, empfiehlt sich nur noch ein leichtes Aufrühren.

6. Bei der Bowle ist das Früchtearoma ausschlaggebend, aus diesem Grund sollte sie nicht zu alkoholhaltig sein.

7. Hat man zu wenig Bowle vorbereitet, dann nie verlängern, da die eventuell noch vorhandenen Früchte bereits ausgelaugt sind und der Geschmack dem einer frischen Bowle nicht mehr entsprechen kann.

ERDBEERBOWLE

500 g Erdbeeren
2 Eßlöffel Zucker
1 Zitronenspirale
1 Flasche trockener Wein
2 Flaschen trockener
   Sekt

Die Erdbeeren waschen, halbieren und mit der Zitronenspirale in ein Bowlengefäß geben.
Den Zucker darüberstreuen und die Hälfte des Weins dazugießen. Den Ansatz zugedeckt eine Stunde im Kühlschrank ziehen lassen. Danach den restlichen Wein und beide Flaschen Sekt dazugeben.

PFIRSICHBOWLE

8 weiße Pfirsiche
12 cl Pfirsichlikör
2 Eßlöffel Zucker
1 Zitronenspirale
1 Flasche trockener Wein
2 Flaschen trockener
   Sekt

Die Pfirsiche waschen, schälen und in kleine Stücke schneiden. Zusammen mit dem Pfirsichlikör und der Zitronenspirale in das Bowlengefäß geben.
Den Zucker darüberstreuen und die Hälfte des Weines dazugießen. Den Ansatz zugedeckt mindestens eine Stunde im Kühlschrank ziehen lassen.
Danach den restlichen Wein und beide Flaschen Sekt dazugeben.

ERDBEER-KIWI-HIMBEER-BOWLE

500 g Erdbeeren
250 g Himbeeren
        (auch tiefgefroren)
3 Kiwis
8 cl Fraise des Bois
        (Erdbeerlikör)
1 Flasche trockener Wein
2 Flaschen trockener
  Sekt

Die Erdbeeren halbieren und mit den Himbeeren und dem Likör in das Bowlengefäß geben.
Mit einer halben Flasche Wein übergießen und zugedeckt im Kühlschrank eine Stunde ziehen lassen. Danach die Kiwis schälen, in Scheiben schneiden und in das Bowlengefäß geben.
Den restlichen Wein und den Sekt dazugießen.

ANANAS-ERDBEER-BOWLE

1 Ananas
250 g Erdbeeren
2 Eßlöffel Zucker
1 Zitronenspirale
1 Flasche trockener Wein
2 Flaschen trockener
  Sekt

Die Ananas schälen, vierteln und kleinschneiden.
Die Erdbeeren waschen und halbieren. Die Früchte mit der Zitronenspirale in das Bowlengefäß geben, mit Zucker bestreuen und eine halbe Flasche Wein dazugießen. Eine Stunde zugedeckt im Kühlschrank ziehen lassen.
Danach den restlichen Wein und den Sekt dazugeben.

SANGRIA

5 Pfirsiche
3 Orangen
2 Zitronen
2 Zimtstangen
8 cl Cointreau
8 cl spanischer Brandy
8 cl roter Portwein
3 Flaschen kalter,
trockener spanischer
Rotwein

In den Bowlenkrug gibt man die enthäuteten, in längliche Stücke geschnittenen Pfirsiche, den Saft einer Orange und einer Zitrone, eine Zitronenspirale, die Zimtstangen, das Fruchtfleisch von zwei in Stückchen geschnittenen Orangen, Cointreau, Brandy und Portwein. Diesen Ansatz stellt man zugedeckt ein bis zwei Stunden kühl und gibt dann den kalten Rotwein dazu.

WARENKUNDE

Einer der Sätze, die Barmixer täglich zu hören bekommen, lautet: Geben Sie mir einen schönen … Cognac, Grappa, Malt Whisky oder eine schöne Flasche Champagner. Doch was ist mit „schön" gemeint? Die Flasche und das Trinkglas sicher nicht. Es geht um den Inhalt – und das Wissen darum zeichnet den Fachmann aus. Natürlich kennt jeder, der sich mit Getränken befaßt oder beruflich damit zu tun hat, die klassischen, oft seit Jahrzehnten angebotenen großen Spirituosenmarken. Wie aber steht es um die Beurteilung von Qualitätsmerkmalen, um die Unterscheidung der Herstellungsverfahren und das Wissen der Ausgangsprodukte der heutzutage in großer Zahl angebotenen und zum Teil vor Jahren noch relativ unbekannten Getränke? Woran erkennt man eine gute, woran eine Spitzenqualität? Worauf begründen sich die zum Teil immensen Preisunterschiede?

Viele dieser Fragen soll Ihnen dieses kleine Lexikon beantworten. Wie im Vorwort dieses Buches schon erwähnt, ist der „Barmeister" eine gekürzte und handliche Ausgabe von „Brandls Barbuch". In diesem, von der „Gastronomischen Akademie Deutschlands" mit einer Goldmedaille ausgezeichneten großen Werk werden die Getränke der Welt und ihre Hersteller äußerst ausführlich beschrieben. In den „Barmeister" wurde daraus ein Großteil der Warenkunde übernommen. Diese Warenkunde sowie die in einem eigenen Kapitel aufgeführten „Fachbegriffe von A bis Z" informieren über die wichtigen Kriterien bei der Auswahl und Beurteilung der internationalen Getränke. Neben dem umfangreichen Rezeptteil und der Mixkunde erfüllt damit der „Barmeister" seinen Hauptzweck – das Wissen um die Qualität und die Kunst der Unterscheidung zu vermitteln.

TSANTALI
SINCE 1890
OUZO

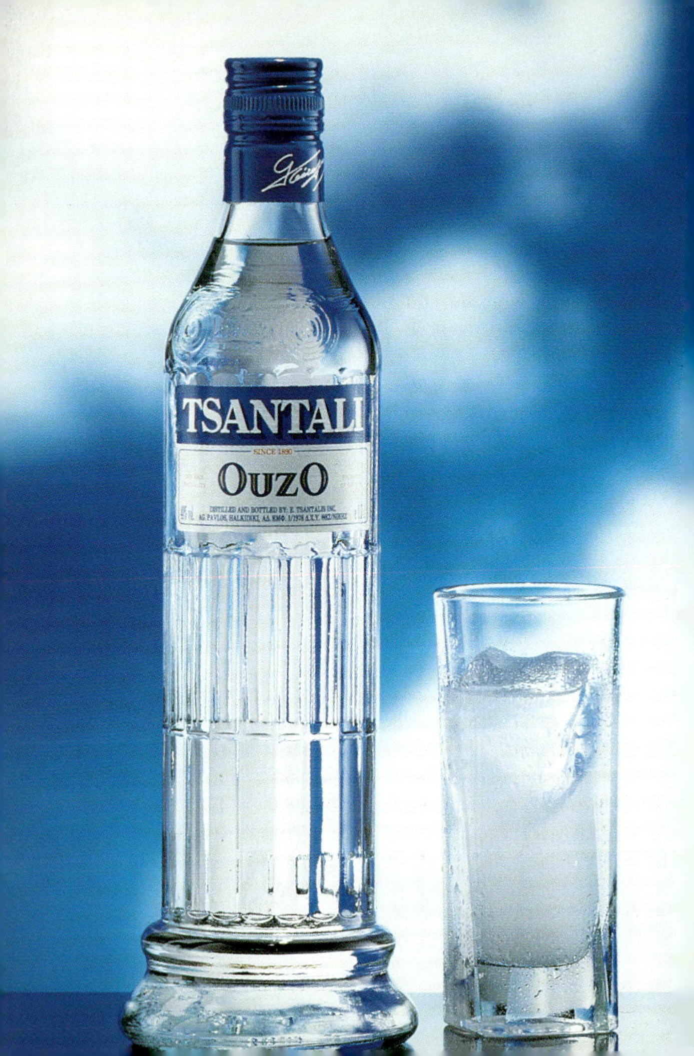

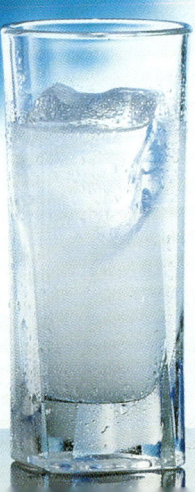

ANISGETRÄNKE

Alle bei uns bekannten Anisgetränke stammen aus europäischen Ländern des Mittelmeeres und der Türkei. In einer außergewöhnlichen Vielfalt werden in Frankreich, Italien, Griechenland, Spanien und der Türkei Spirituosen und Liköre auf der Basis oder mit dem Zusatz von Anis hergestellt. Neben dem Pernod trugen die beiden Pastis Ricard und Pastis 51 sowie der berühmte Anisette von Marie Brizard zum weltweiten Ruf Frankreichs als der führenden Nation unter den Anisgetränkeproduzenten bei.

Während Pernod, Ricard und Pastis 51 vollkommen eigenständige Produkte sind, hat der Anisette von Marie Brizard Nachahmer gefunden. Dem Anisette ähnlich sind die spanischen Anisados. Sie sind ebenfalls wasserhell und werden als dulce (süß) mit geringerem Alkoholgehalt und als seco (trocken) mit höherem Alkoholgehalt angeboten. Einer der bekanntesten Liköre Italiens ist der Sambuca. Auch er zählt zur Gruppe der Anisées, ist aber wegen seiner Eigenständigkeit bei den Likören

eingereiht. Vervollständigt wird das Angebot der Anisspirituosen mit dem griechischen Ouzo und dem türkischen Rakı. Beide sind ebenfalls wasserhell, haben jedoch eine unterschiedliche alkoholische Basis. Während bei Ouzo ein Alkoholdestillat aus Trauben verwendet wird, ist die Grundlage beim Rakı ein Destillat aus Rosinen, Sultaninen und Tafeltrauben.

Alle Anisées sollten ungekühlt aufbewahrt werden, denn Kühlschranktemperaturen verursachen eine Trübung. Während man Anisados, Anisette und Sambuca in der Regel pur trinkt, werden Pernod und Pastis immer mit Wasser verdünnt. Das Wasser muß klar, kühl und frisch sein. Mineralwasser wird auf keinen Fall verwendet. Beim Pastis sollte man auf die Zugabe von Eiswürfeln verzichten, denn auf das Eis reagiert die Anisessenz mit einem Ölfilm auf der Oberfläche. Ouzo und Rakı werden pur und mit Eis oder Wasser getrunken. Beliebt ist aber auch die Zugabe von Orangensaft, Cola oder Bitter Lemon.

AQUAVIT

Unter diesem Namen kennt man die Nationalspirituose Skandinaviens. Als Geburtsort des bekannten Klaren mit dem Kümmelaroma gilt Dänemark. Dort war das Destillieren bereits um das Jahr 1400 bekannt. Der eigentliche Siegeszug begann dann in der Mitte des 16. Jahrhunderts. Bis heute behauptet Dänemark durch seine Sortenvielfalt seine Extrastellung. Auch die dänische Schreibweise Akvavit weicht von der sonst gebräuchlichen ab. Alle Aquavits sind entweder glasklar oder weisen einen leichten bis intensiven Gelbton auf. Beim Aquavit spielt das Ausgangsprodukt des Alkohols keine Rolle. Entscheidend ist seine Reinheit. Verwendet wird Äthylalkohol landwirtschaftlichen Ursprungs, der sich zur Herstellung von Spirituosen eignet und einen Mindestalkoholgehalt von 96 %vol hat. Des weiteren darf er keinen Fremdgeschmack aufweisen. Seinen Geschmack verdankt der Aquavit dem sogenannten Würzdestillat. Jeder Hersteller verwendet dabei sein ureigenes, streng gehütetes Rezept.

Dieses bei der zweiten Destillation zugesetzte Würzdestillat besteht zum Großteil aus Kümmel. Weitere Zutaten sind Koriander, Fenchel, Anis, Zimt, Nelken, Zitronenschalen und Dill. Bei einigen (gelben) Sorten ist Dill sogar geschmacksbestimmend. Aquavit braucht eine gewisse Lagerzeit, damit sich das Würzdestillat, der Alkohol und das Wasser eng verbinden können. Spitzenqualitäten lagert man in Holzfässern, bevorzugt in solchen, die zuvor mit Sherry gefüllt waren. Der Name Aquavit stammt vom Lateinischen „Aqua vitae", dem Wasser des Lebens. Heute ist Aquavit zum Gattungsbegriff geworden. Somit dürfen sich auch in Deutschland hergestellte Kümmelschnäpse Aquavit nennen. Hinweise auf das Herstellungsland gelten jedoch als geschützte Herkunftsbezeichnung. Der Mindestalkoholgehalt bei Aquavit beträgt 37,5 %vol, liegt aber meist bei 40 %vol und darüber. Aquavit sollte direkt aus dem Tiefkühlfach in kleinen gefrosteten Gläsern mit 2 cl Inhalt serviert werden.

ARMAGNAC

Im Südwesten Frankreichs liegt im Herzen der Gascogne die Region Armagnac. Hier wurde lange vor dem Cognac Wein gebrannt. Bereits das Jahr 1461 ist dokumentarisch belegt. Man unterscheidet drei Bezirke: Im Westen Bas-Armagnac (55%), im Osten Haut-Armagnac (3%) und die Landschaft Ténarèze (42%) mit den Städten Condom und Auch.

Die Begriffe Haut-(Ober-) und Bas-(Nieder-)Armagnac sind dabei aber keine Qualitätsbegriffe. Die zugelassenen Rebsorten wurden 1936 festgelegt. Hier die wichtigsten: Folle Blanche (Picpoule), Folle Jaune, Meslier, St. François, Colombard, Blanquette, Mauzac, Plant de Grèce, Saint-Émilion (Ugni Blanc) und Baco 22 A. Die Weinlese erfolgt meist Mitte bis Ende Oktober. Der Wein reift dann, und sobald er fertig durchgegoren ist, beginnt man mit seiner Destillation, die bis zum 30. April des folgenden Jahres beendet sein muß. Im Gegensatz zum Cognac, wo zweimal destilliert wird, wird Armagnac nach dem kontinu-ierlichen Brennverfahren destilliert. Hierbei wird der Wein dem Brennapparat ständig zugeführt und nur einmal gebrannt. Seit 1972 ist auch das Charentaiser Verfahren erlaubt, findet jedoch wenig Anwendung. Das Destillat wird dann zur Reifung in Eichenfässern gelagert.

Armagnac darf sich der gebrannte Wein erst nennen, wenn er mindestens 2 Jahre in Eichenfässern (bis 420 l) gereift ist. Das frische Destillat im Eichenfaß erhält am Ende der Brennkampagne, also am 1. Mai, das Konto 0. Ein Jahr später das Konto 1 usw. (siehe Cognac). Diese Überwachung durch den Gesetzgeber währt 5 Jahre (Konto 5). In der Regel werden verschiedene Jahrgänge und Destillate gemischt, um so eine gleichbleibende Qualität zu erzielen. Entscheidend für die Altersangabe ist das jüngste Destillat. Die Bezeichnungen V.S., V.S.O.P., Extra, Vieux, X.O., Hors d'Age usw. sind wie beim Cognac geregelt. Im Gegensatz zum Cognac sind Jahrgangsabfüllungen erlaubt. Der Mindestalkoholgehalt beträgt 40 %vol.

BITTER

Für viele Rezepte großer Bittermarken zeichneten Ärzte, Apotheker und heilkundige Klosterbrüder verantwortlich. Meist war die Suche nach Heilgetränken der Anlaß ihrer Entstehung. Bis heute ist der gesundheitliche Aspekt einer der Gründe, warum sich die süß-würzigen bis herb-bitteren Getränke so großer Beliebtheit erfreuen. Eine wohltuende Wirkung kann man den Bitteren nicht absprechen, denn allen Zutaten werden bekömmliche Eigenschaften nachgesagt. Die Sortenvielfalt ist heute fast nicht mehr überschaubar. Jedes Land hat seine Bitteren, und viele davon sind internationale Berühmtheiten.

Es ist schwer, exakte Einteilungen vorzunehmen. Grob unterscheiden sollte man Bitter und Halbbitter, Aperitifbitter und die Gruppe der klaren Kräuter- und Gewürzliköre. Zur Verwirrung trägt auch die Bezeichnung der einzelnen Marken als Alpenbitter, Bitterlikör, Magenbitter, Kräuterspezialität, Kräuterbitter, Kräuterlikör oder Kräuterhalbbitter bei. Einen Anhaltspunkt gibt jedoch der Zuckergehalt. Im Unterschied zu einem Bitter muß ein Bitterlikör mindestens 100 g Zucker pro l aufweisen.

Der Oberbegriff nach EU-Recht ist sehr weiträumig abgesteckt. Unter die nachfolgenden Bestimmungen fallen alle Bitter und Spirituosen mit bitterem Geschmack. Danach sind Bitter Spirituosen mit vorherrschend bitterem Geschmack, die durch Aromatisieren von Neutralalkohol mit natürlichen und/oder naturidentischen Aromastoffen oder -extrakten gewonnen werden. Neben der Anzahl und Menge der verwendeten Kräuter, Früchte, Beeren, Blüten, Samen, Wurzeln, Rinden usw. ist für das Erzeugnis „Bitter" vor allem das Herstellungsverfahren entscheidend.

Die meisten Bitteren werden heute auf dem Wege der Mazeration (Kaltauszug) hergestellt. Der Mindestalkoholgehalt beträgt nach EU-Recht nur 15 %vol, liegt allerdings in der Praxis meist höher. Siehe auch Bitter-Aperitifs (S. 187) und Kräuter- und Gewürzliköre (S. 219).

BITTER-APERITIF

Innerhalb der großen Gruppe der Bitter-Getränke nehmen die Bitter-Aperitifs einen besonderen Platz ein. Das hauptsächliche Unterscheidungsmerkmal ist der geringe Alkoholgehalt und ihre ideale Verwendbarkeit als Longdrink.

Weltbekannt und aus der Bar nicht wegzudenken ist der Campari, der sich mit einem unvergleichlichen Siegeszug als absoluter Trendsetter etabliert hat. Campari ist heute in fast allen Ländern der Erde vertreten und belegt auf den internationalen Ranglisten der meistverkauften Spirituosen den 21. Platz (1998).

Alle Bitter werden nach den gleichen Verfahren hergestellt, nur die Bitter-Aperitifs sind eben anders. In der Regel werden sie – im Gegensatz zu den Digestif-Bitter – nicht pur, sondern verlängert getrunken. Dabei ist die Zugabe von Sodawasser die klassische und auch heute noch am meisten praktizierte Art der Zubereitung.

Daß sich die Bitter-Aperitifs zum Mixen von Cocktails und Mixdrinks eignen, haben international bekannte Rezepturen bewiesen. Bitter-Aperitifs trinkt man jedoch nicht nur als Aperitif vor dem Essen. Sie sind, verlängert mit Orangen- bzw. Grapefruitsaft, Maracujanektar, Sekt oder Tonic Water, ideale Getränke für alle Gelegenheiten.

SPANISCHER BRANDY

In Spanien greift man in der Geschichte des Weinbrennens weit zurück. Das Zentrum der Weinbrennkunst lag schon damals in Andalusien. In der Region Jerez wurden bereits im 16. Jahrhundert beachtliche Mengen Wein gebrannt. Dieser diente damals aber meist nur zur Verstärkung der Weine für den Export. Gegen Ende des 19. Jahrhunderts kam die große Wende für den Brandy. Ihm gelang der Sprung in die Selbständigkeit – als Brandy de Jerez. Das Herkunftsgebiet „Brandy de Jerez" beschränkt sich auf die Sherry-Städte Jerez de la Frontera, El Puerto de Santa María und Sanlúcar de Barrameda in der Provinz Cádiz. Heute erzeugen hier gut drei Dutzend Bodegas, alle zugleich bekannte Sherry-Hersteller, etwa 100 Mio. Flaschen Brandy pro Jahr. Die Basis für Brandy de Jerez ist ein gehaltvoller und trockener Wein. Dieser wird fast ausschließlich aus dem größten Weinbaugebiet der Welt, der südöstlich von Madrid liegenden La Mancha, bezogen. Die Destillate reifen in 500-l-Eichenfässern in großen, kirchenschiffähnlichen Bodegas. Und hier unterscheidet sich Brandy de Jerez völlig von den Weinbränden anderer Länder. Denn der Ausbau zum fertigen Qualitätsprodukt geschieht in der traditionellen „Solera". Dieses einzigartige und langwierige Verfahren beruht auf einer regelmäßigen Vermischung der Destillate in übereinanderliegenden Reihen alter Sherry-Fässer. Da beim Solera-System die Destillate oft Jahrzehnte wandern, ist beim Brandy de Jerez keine Jahresangabe möglich. Brandy de Jerez wird in drei Güteklassen unterteilt: Die Angabe Solera weist auf eine durchschnittliche Reifezeit von $1^1/_2$ Jahren hin. Bei Solera Riserva beläuft sich das Durchschnittsalter auf 3 Jahre. Der beste Brandy de Jerez, die Solera Gran Reserva, reift etwa 8 Jahre, wobei bei den zahlreichen Marken Reifezeiten von durchschnittlich 10 bis 15 Jahren und länger nicht ungewöhnlich sind. Für spanischen Brandy ist ein Mindestalkoholgehalt von 36 %vol vorgeschrieben.

INTERNATIONALER BRANDY

In fast allen Ländern der Erde begleitet die Weindestillation die Weinherstellung. Außerhalb Europas wird Wein in größerem Umfang in den USA, Mexiko, Brasilien und Argentinien, in Japan und Südafrika destilliert. Im Gegensatz zu Europa, wo schon seit Jahrhunderten Wein gebrannt wird, blickt die Weindestillation in außereuropäischen Ländern auf eine relativ junge Geschichte zurück.

Bekanntestes Herstellungsland ist ohne Zweifel Frankreich mit seinen weltbekannten Weindestillaten Cognac und Armagnac. Für den deutschen Markt sind außer Cognac und Armagnac nur noch die spanischen und italienischen Brandys von Bedeutung. Die griechische Spirituosenspezialität Metaxa, die bei uns wie auch international enorme Erfolge aufweisen kann, dürfte streng genommen nicht bei den internationalen Brandys eingereiht sein, da Metaxa den EU-Bestimmungen für Brandy nicht entspricht. Dies hat nichts mit der Qualität zu tun, sondern mit der Rezeptur. Auf Grund seiner Nähe zu den Brandys wird Metaxa hier mit vorgestellt. Absolut führend auf dem deutschen Markt sind nach dem Cognac die spanischen und italienischen Brandys. Während die spanischen Marken in großer Vielfalt angeboten werden, ist Italien sortenmäßig nicht stark vertreten. Die Ursache ist wahrscheinlich darin zu suchen, daß viele Sherry-Häuser auch Brandy-Hersteller sind. Von den italienischen Marken ist Vecchia Romagna bei uns die führende Marke.

Eine schwer einzuordnende Spezialität ist der Pisco. Heimat des Pisco ist die südlich von Perus Hauptstadt Lima gelegene Hafenstadt gleichen Namens. Der ursprüngliche peruanische Pisco ist ein dem Trester ähnlicher Brand aus Muskateller-Trauben.

Pisco aus Peru spielt international keine Rolle. Aus Chile, dem heute größten Herstellerland von Pisco, kommen die bekanntesten Marken Pisco Control und Pisco Capel.

CACHAÇA

Cachaça (sprich – Kaschassa) ist ein brasilianisches Zuckerrohrdestillat, das in seiner Heimat in unzähligen Marken angeboten wird. Den Rohstoff für den Cachaça liefert das noch grüne Zuckerrohr. Diese seit Ende des 17. Jahrhunderts bekannte Spirituose beherrscht den gesamten Spirituosenmarkt und ist aus dem brasilianischen Leben nicht wegzudenken. Im Gegensatz zum Rum, der aus Melasse hergestellt wird, ist Cachaça ein Destillat aus frischem, grünem Zuckerrohr. Der Produktionsvorgang verläuft ähnlich wie bei der Destillation von Obstwässern. Cachaça sollte man keinesfalls mit Rum vergleichen, da Herstellung und Ausgangsprodukt völlig verschieden sind. Der Name des berühmtesten Drinks – des Caipirinha – stammt von Caipira, der Bezeichnung für einfache Bauern und die Landbevölkerung überhaupt. Diesem Drink verdankt der Cachaça seinen Erfolg als eine der großen Trendspirituosen der 90er Jahre. Des weiteren mixt man mit Cachaça die brasilianischen Nationalgetränke, die „Batidas". Diese werden aus Cachaça, Zucker und Eis unter der Verwendung von Früchten und Fruchtsäften zubereitet. Cachaça eignet sich ausgezeichnet zum Mixen und verbindet sich hervorragend mit Limonaden und Säften.

CALVADOS

Schon in der frühesten Vorgeschichte wuchs der Apfelbaum wild in den Gebieten, die heute Normandie und Bretagne heißen. Bereits von den römischen Eroberern ist überliefert, daß sie ihn in großer Anzahl vorgefunden haben. Die ersten Vorschriften für die Anpflanzung, das Beschneiden der Bäume, das Veredeln und die Herstellung des Apfelweines, die in diesen Gebieten galten, reichen auf die Zeit der Herrschaft von Karl dem Großen zurück. Die Herstellung von Apfelwein verbreitete sich dann rasch im ganzen Westen Frankreichs, blieb aber bis Anfang des 20. Jahrhunderts als traditionelles Getränk auf die Region beschränkt. In der heutigen Zeit werden jährlich rund 250 000 Tonnen normannischer Äpfel zu Cidre (Apfelwein) verarbeitet. Drei Fünftel der Produktion werden als Cidre vermarktet. Aus den beiden restlichen Fünfteln wird Calvados gebrannt. Der Apfelbaumbestand der Normandie ist auf der Welt einzigartig. Dort gedeihen sogenannte Mostäpfel, die einen anderen botanischen Ursprung als die Tafeläpfel haben. In jedem Obstgarten wachsen zahlreiche Sorten, die zu einer der vier Mostapfelarten gehören: Süß, Bittersüß, Bitter oder Sauer. Die wichtigsten Kriterien sind der Gerbstoff- und Säureanteil des Mostes. 48 verschiedene Sorten werden vom Gesetz her für die Zubereitung von Cidre empfohlen. Man geht davon aus, daß die ideale Mischung aus 40% süßen, 40% bitteren und 20% sauren Äpfeln besteht. Seit Jahrhunderten, seit Einführung der Destillation in Europa, brennen die Bauern der Normandie und Bretagne Apfel- und Birnenweine. Calvados heißt dieses Apfelwein-Destillat erst seit dem 19. Jahrhundert. Es ist der Name des Departements, aus dem ein Teil der Calvados-Produktion kommt. Dieses Departement erhielt seinen heute berühmten Namen durch ein Unglück: Als der spanische König Philipp II. mit seiner Armada 1558 England angriff, zerschellte die Caravelle „Santa Maria el Calvador" an den Klippen der Normandie. Davon abgeleitet er-

---

195

hielt der Landstrich und damit auch der Calvados seinen Namen. Apfel- und Birnenbrände gibt es in der Bretagne, in der Normandie und im Maine, den drei westlichen Provinzen mit großer Cidreproduktion. Calvados dürfen sich auf Grund eines Gesetzes aus dem Jahre 1942 jedoch nur die Brände aus genau abgegrenzten Gebieten der Normandie nennen. Auch an die Destilliermethoden werden besondere Anforderungen gestellt. Man unterscheidet zwischen zwei Calvadosarten, zwischen dem Calvados mit gesetzlich geregelter Herkunftsbezeichnung (Appellation Calvados contrôlée) und dem Calvados mit kontrollierter Ursprungsbezeichnung (Appellation Calvados du Pays d'Auge contrôlée). Zu seiner Herstellung darf nur Apfelwein verwendet werden, der aus dem geographischen Gebiet des Pays d'Auge stammt. Der Wein wird von seiner Herstellung bis zur Verarbeitung von den Behörden überwacht. Ferner muß der Calvados im Pays d'Auge selbst destilliert worden sein, und zwar mittels kleiner Brennblasen für die zweimalige Destillation, wie man sie in der Cha-

rente für die Cognac-Herstellung benutzt. Calvados trägt wie Cognac oder Armagnac einen international geschützten Namen, der nur Bränden aus den genannten Gebieten vorbehalten ist. Die Herstellung des Calvados beginnt mit dem Brennwein – dem Cidre. Diese Brennweine stammen aus zerkleinerten (zermahlenen oder zerriebenen) Früchten. Das Entsaften geschieht durch Abtropfen. Die Gärung erfolgt auf natürliche Weise und dauert mindestens einen Monat. Der Mindestalkoholgehalt sowie der Höchstgehalt an flüchtiger Säure sind vorgeschrieben. Die Destilliermethoden sind unterschiedlich und abhängig davon, ob es sich um Calvados mit gesetzlich geregelter Herkunftsbezeichnung oder um Calvados mit kontrollierter Ursprungsbezeichnung handelt. Für erstere ist auch die Verwendung kontinuierlich arbeitender Brennapparate zulässig. Die frischen Destillate sind klar, scharf und herb. Ihr Alkoholgehalt liegt bei 68 bis 72 %vol. Erst die Lagerung in Eichenfässern und ihre Mischung schließlich – die „Mariage" (Vermählung) – mit anderen, auch älteren Destillaten geben jedem Calvados seinen unverwechselbaren Charakter. Nachdem die Cuvées mit gealtertem Calvados zusammengestellt sind, wird er aufs neue einige Monate gelagert, damit sich die verschiedenen Jahrgänge und Destillate miteinander verbinden können. Nach Verringerung des Alkoholgehalts bis zur Untergrenze von 40 %vol wird der Calvados schließlich auf Flaschen gefüllt. Die meisten Hersteller lagern ihren Calvados in Fässern aus Eichenholz mit einem Fassungsvermögen von 1000–10 000 l. Andere benützen kleinere Fässer (250–600 l). Für das junge Destillat verwendet man bevorzugt neue Eichenholzfässer, mit zunehmendem Alter wird der Calvados dann in ältere Fässer gefüllt. Wenigstens 2 Jahre dauert diese Prozedur, dann darf der Brand sich Calvados nennen. Viele lagern jedoch weitaus länger. So sind Reifezeiten zwischen 3 und 5 Jahren für einen guten Calvados durchaus üblich, und daneben gibt es Spezialitäten, die Jahrzehnte im Dunkel der Fässer zu vollendeter Qualität heranreifen. Ähnlich wie beim Cognac und Armagnac wird auch die Alterung von Calvados nach dem Prinzip der „Alterskonten" (siehe Cognac) bis zu 6 Jahren gesetzlich überwacht. Das Alter erkennt man an den Angaben auf dem Etikett.

Für die Altersangabe auf der Flasche ist immer das jüngste verwendete Destillat entscheidend. Es werden jedoch auch Jahrgangs-Calvados und Calvados mit Angabe der Lagerzeit wie z. B. 10 Jahre alt, 15 Jahre alt angeboten. Anders als bei anderen hochwertigen Spirituosen ist bei Calvados nicht unbedingt das hohe Alter entscheidend für den Genuß. Kenner haben eine Faustregel: Ein jüngerer Calvados ist frisch und schmeckt intensiver nach Äpfeln – er eignet sich auch am besten zum Mixen, ein älterer Calvados ist sanft und weich und sollte am besten pur genossen werden. Rund 1200 bäuerliche Betriebe und etwa 30 industrielle Brenner produzieren jährlich etwa 20 Mio. Flaschen. Damit erreicht der Calvados gerade ein Siebtel der Produktion eines anderen berühmten Franzosen, des Cognacs. Mittlerweile geht fast die Hälfte der Calvados-Produktion in den Export. Davon wiederum die Hälfte wird unter rund 40 Markennamen in Deutschland abgesetzt.

CHAMPAGNER

Die Heimat des Champagner ist eine weite, zum Teil recht hügelige Landschaft, etwa 150 km nordöstlich von Paris gelegen. Aus dieser eng begrenzten Region stammen die edelsten Schaumweine der Welt. Schon vor 2000 Jahren wurde in der Champagne Wein angebaut. Der Champagner, wie wir ihn heute kennen, entwickelte sich jedoch erst ab dem frühen 18. Jahrhundert. Wichtige Arbeitsschritte der „Méthode champenoise" wurden erst im 19. Jahrhundert entwickelt. Die Praxis der Rüttelpulte führte man zwischen 1830 und 1850 ein. Ab 1880 beherrschte man das System der Fülldosage, und 1884 entdeckte man die Gefriermethode des Degorgierens. Die Champagne ist die kleinste Weinbauregion Frankreichs und liegt schon sehr nahe an der nördlichen Grenze für den Weinbau. Das Anbaugebiet ist auf etwa 34 000 ha begrenzt. Davon sind etwa 31 000 ha angebaut und etwa 30 000 ha ertragfähig (2,9% der Weinanbaufläche Frankreichs). Das wichtigste Kriterium für die Begren-

zung des Weinbaugebietes war die Beschaffenheit der Böden. Die Kreideböden und die Mikroelemente sind einmalig. Es gibt auch anderswo in Europa vergleichbare Böden (Südengland, Pariser Becken, Charente, Rügen), doch nirgendwo sind die Voraussetzungen für den Weinbau, der dann einen so herrlichen Schaumwein ergibt, so günstig wie in der Champagne. Hier dringen die Rebwurzeln durch eine dünne Humus- und Lehmschicht in den kreidigen Untergrund. Dieser speichert die Feuchtigkeit und läßt überschüssiges Wasser ablaufen. Tagsüber nimmt der Boden die Wärme der Sonne auf und gibt diese in den Nächten wieder langsam ab. Das Champagner-Anbaugebiet bildet keine einheitliche Fläche. Sie unterteilt sich in mehrere Bereiche: Montagne de Reims, Vallée de la Marne, Côte des Blancs, Côte de Sézanne und die Gegend um Bar-sur-Aube und Bar-sur-Seine im Departement Aube. Zu diesem Bereich gehören 300 Dörfer mit den Hauptorten Reims und Epernay, in denen die meisten Champagner-Häuser ansässig sind. Rund 15 000 Winzer, etwa 40 Genossenschaften und etwa 265 Champagner-Häuser produzieren etwa 270 Mio. $^1/_1$ Flaschen (1997) jährlich. Die Zahl der beim Champagner-Gesamtverband (C.I.V.C.) in Epernay angemeldeten Champagner-Marken stieg von etwa 7700 (1979) auf über 12 000 (1996). Es werden jedoch nicht alle Marken genutzt. Jede Marke eines Champagner-Hauses, einer Genossenschaft oder eines Winzers sowie alle Handelsmarken und Sonderabfüllungen sind dabei erfaßt. Die Champagner-Häuser und die Genossenschaften bestreiten den Hauptanteil am gesamten Champagner-Markt. Champagner ist vor allem ein Weißwein, obwohl er vorwiegend aus blauen Trauben gewonnen wird. Ausschließlich drei Rebsorten machen fast den ganzen Rebstockbestand aus – die beiden blauen Pinot Noir und Pinot Meunier und der weiße Chardonnay. Durchschnittlich werden etwa $^3/_4$ blaue und $^1/_4$ weiße Trauben gelesen. Der Pinot Noir oder Blauer Spätburgunder ist die Rebsorte, die in Burgund die großen Rotweine

hervorbringt. Er wird hier weiß gekeltert, d. h. erst nach dem Abpressen ohne die Schalen vergoren. Er verleiht dem Champagner Körper und Fülle. Die zweite große Champagner-Rebe ist der Chardonnay, der in Burgund die berühmten Weißweine liefert. Dem Champagner verleiht sie Frische und Feinheit und ist wegen ihres hellen Saftes und ihrer Moussierfähigkeit geschätzt. Die dritte, wiederum blaue Sorte, der Pinot Meunier, bei uns als Müllerrebe bekannt, ist wegen ihrer Widerstandsfähigkeit geschätzt. Sie verleiht dem Champagner Kraft und Jugend. Geerntet wird in der Champagne meist Ende September. Sobald das Lesegut in der Kellerei eintrifft, wird jede Rebsorte getrennt in Vertikalpressen oder in entsprechend angepaßten Horizontalpressen gekeltert. Jährlich festgelegt wird die Erntemenge pro Hektar. 1997 lag diese bei 10 000 kg. Meist liegen die Kelterhäuser leicht erreichbar inmitten der Weinberge, damit sofort nach der Ernte gekeltert werden kann. Die traditionelle Menge eines Preßvorgangs ist 4000 kg. Dies entspricht dem Fassungsvermögen der Pressen. In der

Champagne spricht man dabei von einem „Marc" und meint damit das Preßgut. Aus den 4 000 kg dürfen 2 550 l Most gepreßt werden. Die ersten 2 050 l werden „Cuvée" genannt. Die nächsten 500 l bezeichnet man als Taille. Die Cuvée (so wird auch die Mischung der Weine bezeichnet) enthält also den ersten Saft, der aus den Trauben fließt. Aus ihm werden die Champagner der höchsten Qualitätsstufen bereitet. Damit sind auch die Preisunterschiede beim Champagner erklärt. Zu 100% bewertete Trauben kosten 100% des jährlich festgesetzten Preises, Trauben mit 80% Bewertung nur 80%. Champagner aus mit 100% bewerteten Trauben der ersten 2 050 l (Cuvée), die zur ersten Gärung im Holzfaß bleiben und später lange auf der Flasche gelagert werden, sind natürlich teurer als Champagner aus mit 80% bewerteten Trauben der Taille mit erster Gärung im Tank und kurzer Lagerzeit in der Flasche. Die großen Cuvées aller Hersteller entsprechen in der Regel den maximalen Anforderungen. Als nächster Schritt bei der weiteren Verarbeitung wird der frisch gekelterte Most vorgeklärt und kommt zur ersten Gärung in traditionelle Holzfässer oder moderne Tanks. Nach rund drei Wochen ist diese beendet. Der junge, stille Wein wird von der Hefe getrennt und gefiltert. Zu diesem Zeitpunkt beginnt nun die Arbeit nach der „Méthode champenoise". Sie ist die typische und allein zugelassene Methode der Champagner-Herstellung und umfaßt fünf Schritte.

1. Die Cuvée

Grundsätzlich besteht ein Champagner aus mehreren Weinen verschiedener Lagen und Jahrgänge (Ausnahme: Jahrgangs-Champagner). Die Zusammenstellung dieser Weine ist die Cuvée, ihr Ziel: die gleichbleibende Qualität und den typischen Geschmack einer Marke oder eines Herstellers zu garantieren. Eine Cuvée kann aus zehn, zwanzig oder dreißig verschiedenen Weinen bestehen.

2. Die zweite Gärung

Die Weine der Cuvée werden miteinander vermischt, dabei wird ihnen eine kleine Menge „Fülldosage" (Liqueur de Tirage) beigegeben. Sie besteht aus Hefe und in altem Wein aufgelöstem Rohrzucker und löst die zweite Gärung aus. Vorher wird der Wein auf Flaschen abgezogen und verschlossen. Die zweite Gärung dauert rund drei bis vier Monate. Dies geschieht in den für die Champagne typischen kühlen Kellern, die zum Teil bereits in der Römerzeit vor rund 2000 Jahren in den Kreideboden gegraben wurden.

3. Das Reifen

Sobald die zweite Gärung abgeschlossen ist, bilden die abgestorbenen Hefen in jeder Flasche ein sogenanntes Depot. Auf diesem Satz reift der Champagner meist mehrere Jahre. 15 Monate Reifezeit sind gesetzlich vorgeschrieben, für Jahrgangs-Champagner 3 Jahre. Üblich sind jedoch 3 Jahre bzw. 5 Jahre bei Jahrgangs-Champagnern.

4. Das Rütteln

Um den Gärungssatz aus der Flasche entfernen zu können, muß sich dieser im Flaschenhals ansammeln. Dazu werden die Flaschen am Ende ihrer Reifezeit mit dem Kopf nach unten in schräge Rüttelpulte gelegt. Sie werden nun in regelmäßigen Abständen leicht gerüttelt, um eine viertel Drehung gedreht und dabei allmählich senkrecht gestellt. Man erreicht damit,

daß das Hefedepot sich nach und nach im Flaschenhals sammelt. Traditionell wird von Hand gerüttelt, in den großen Häusern werden jedoch mehr und mehr computergesteuerte Rüttelkästen verwendet.

5. Das Degorgieren

Die auf dem Kopf stehenden Flaschen sind nun fertig zum „Degorgieren". Dazu taucht man den Flaschenhals in eine Gefrierlösung, dabei gefriert der Satz bei minus 15 bis 30 °C innerhalb einiger Minuten zu einem Eisklötzchen. Beim Öffnen der Flaschen treibt der Kohlensäuredruck den Eispfropfen hinaus. Dabei geht ein wenig Wein verloren. Dieser wird im gleichen Arbeitsgang durch die Versanddosage ersetzt. Sie besteht aus Wein derselben Cuvée und etwas altem Champagner, in dem Rohrzucker gelöst ist. Das Mischungsverhältnis und die Menge der Dosage richten sich nach der Geschmacksrichtung, welche der Champagner bekommen soll. Nach Zugabe der Dosage werden die Flaschen mit Naturkorken verschlossen und etikettiert. Der Champagner ist dann fertig und kann nach einigen Wochen Ruhezeit zum Versand kommen. Die Dosagen nach dem EU-Gesetz von 1974, 1985 und 1996 betragen für:

Brut Nature oder *Pas Dosé* oder *Dosage Zero* unter 3 g Restzucker pro Liter,

Extra Brut (extra herb) zwischen 0 und 6 g, bei

Brut (herb) weniger als 15 g, für

Extra Dry (extra trocken) zwischen 12 und 20 g, für

Sec (trocken) zwischen 17 und 35 g, für

Demi Sec (halbtrocken) zwischen 33 und 50 g und für

Doux (mild) mehr als 50 g Restzucker pro Liter.

Champagner ohne Dosage werden auch mit den Bezeichnungen Non-Dosage, Brut Sauvage, Brut Zero, Ultra Brut, Sans Sucre usw. angeboten. Diese Champagner sind ausnahmslos sehr herb. Es gibt eine Reihe zusätzlicher Besonderheiten und Wissenswertes zu diesem umfassenden Thema. In der Champagne bezieht sich der Begriff „Cru" auf die Traube. Sämtliche Gewächse innerhalb des festgelegten Anbaugebiets werden prozentual bewertet. Diese Beurteilungsskala bewegte sich bis 1985 zwischen einer Untergrenze von 50 und einer Obergrenze von 100%. Durch die neue Einteilung wurde die Untergrenze auf 80% heraufgesetzt. Danach richten sich auch die Traubenpreise. 17 Dörfer in der Champagne sind offiziell mit 100% bewertet und gelten damit als „Grand Crus". Weitere 44 Dörfer erreichen 90 bis 99% und dürfen sich als „Premier Cru" bezeichnen. Beide Bezeichnungen dürfen auf den Etiketten vermerkt sein. Außer den „normalen" und den Jahrgangs-Champagnern (Vintage-Millésimé) gibt es noch einige Besonderheiten. Eine davon ist der Rosé-Champagner. Er wird entweder durch Zusatz eines Rotweins aus der Champagne zur Cuvée oder durch Roséweinbereitung roter Rebsorten hergestellt. Wird Champagner nur aus Chardonnay-Trauben hergestellt, kann er – muß aber nicht – die Bezeichnung Blanc de Blancs tragen. Dies bedeutet wörtlich übersetzt „Weißer vom Weißen". Relativ unbekannt sind die Blanc de Noirs. Diese „Weißen aus Schwarzen" sind entweder aus Pinot Noir oder Pinot Meunier oder aus einer Mischung von beiden hergestellt.

COGNAC

Seit dem 17. Jahrhundert stetig ansteigend, ist der Cognac der allesbeherrschende Wirtschaftszweig der Charente-Region und heute eines der international bekanntesten Erzeugnisse Frankreichs. Obwohl bereits im 15. Jahrhundert in diesem im Südwesten Frankreichs gelegenen Gebiet Wein destilliert wurde, begann der Aufschwung erst 200 Jahre später. Ursache für den Erfolg war der erstmals angewandte zweifache Brennprozeß und die darauffolgende Lagerung der Destillate in Eichenholzfässern.

Cognac stammt einzig und allein aus den französischen Departements Charente und Charente Maritime, deren Herz die kleine Stadt Cognac ist. Bodenbeschaffenheit (Kreideanteil), Klima und die Nähe des Meeres beeinflussen hier auf einmalige Weise die Güte der Weine. Die Charente wird in sechs Regionen (früher sieben mit den Bois à Terroir) eingeteilt. Die Gesamtanbaufläche liegt bei 75 000 ha, wobei von den zugelassenen Rebsorten fast ausschließlich nur noch die vieltragende Ugni blanc angebaut wird. Sie ergibt einen ziemlich schwachprozentigen (8–10%), säurereichen Wein. Erst destilliert und dann jahrelang faßgelagert offenbart er seinen Wert. Beim klassischen – für Cognac vorgeschriebenen – Verfahren kommt der Wein naturtrüb und ungeschwefelt in große kupferne Brennblasen (Alambic). Bei mäßiger Hitze – hin und wieder noch von einem Holzfeuer stammend – wird der Wein in vorgeschriebenen Chargen von höchstens 2 500 Litern erhitzt. Die aufsteigenden alkoholischen Dämpfe kühlen in Kühlschlangen ab, und heraus läuft ein klares Destillat mit etwa 25% Alkohol. Bei einer zweiten Destillation werden der „Kopf" (Vorlauf) und der „Schwanz" (Nachlauf) abgesondert. Das sind jene Teile des Destillats, die Fuselstoffe und andere unerwünschte Bestandteile mitbringen. 24 Stunden dauern insgesamt beide Brennvorgänge, und so lange beobachtet und lenkt der Brennmeister alle Vorgänge. Allein das sogenannte „Herz" oder „Herzstück" wird für die weitere Herstellung des Cognacs in die Lagerfässer geleitet. In der „Brennkampagne" von Dezember bis April brennen viele Winzer auch selbst, um ihre Destillate dann „roh" oder gelagert an die großen Firmen zu verkaufen. Um reif zu werden, muß der Cognac in Eichenholzfässern lagern. Das beste Holz für diese Fässer kommt aus den Wäldern von Limousin, etwa 150 Kilometer östlich von Cognac. Die Limousin-Eiche hat ein dickfasriges Holz, das vorzüglich zur Alterung von Cognac geeignet ist, weil es besonders luftdurchlässig und wasserundurchlässig ist. Die Fässer sind somit recht porös und sowohl Gewürz wie Atmungsorgan des reifenden Cognacs. Es gibt kein Standardmaß für Cognac-Fässer. Im allgemeinen gelten 350-l-Fässer als ideale Größe. Während der Cognac reift, gibt ihm das Holz seine Farbe, nimmt ihm seine Schärfe und auch einen Teil seines Alkohols; dieser Prozeß geht sehr langsam vor sich und dauert mehrere Jahre. Der Lagerung folgt dann die Mariage (Vermählung). Dabei werden Cognacs der verschiedenen Altersstufen gemischt. Für die Cognac-Reifezeit (Faßlagerung) gilt die Einteilung in Alterskonten. Unter „Konto 00" fällt alles, was seit Beginn einer Brennkampagne bis zum 31. März des folgenden Jahres destilliert wurde. Stichtag für den Kontowechsel ist dann jeweils der 1. April eines Jahres. „Konto 0" sind die Destillate vom 1. April bis zum 31. März des folgenden Jahres, sie sind dann bis zu 12 Monate alt (plus bis zu fünf Monate aus „Konto 00"). Die weiteren Konten sind:

1: 12 bis 24 Monate;
2: 24 bis 36 Monate usw. bis
6: 72 bis 84 Monate alt.

Cognac darf verkauft werden, wenn er das Alterskonto 2 erreicht hat, d. h., er muß mindestens 24 Monate auf Limousin-Eichenholz gelagert haben. Diese Cognacs sind als 3-Sterne- und V. S. (Very Special), de Luxe usw. bekannt. Finden sich die Bezeichnungen V.O., V.S.O.P., Réserve, V.S.O., O.P. usw. auf der Flasche, muß das Destillat Alterskonto 4 erreicht haben. Cognacs mit den Bezeichnungen Extra, Vieux, Vieille Réserve, Napoléon, V.V.O.P., V.V.S.O.P., Réserve Personelle, Hors d'Age, Age Inconnu, Antique, X.O., Très Rare Fine Champagne u. a.

stammen aus dem Alterskonto 6 (vor 1979 aus dem Konto 5). Die bekannten Bezeichnungen geben nicht immer das echte Alter des Cognacs an. Es sind Qualitätsbezeichnungen, die lediglich ein Mindestalter voraussetzen. Das tatsächliche, über die vorgeschriebene Zeit hinausgehende Alter wird immer durch die Qualitätspolitik des jeweiligen Hauses bestimmt. Eine Rarität sind die Jahrgangs-Cognacs. Dabei handelt es sich – wenn die Flaschenabfüllungen englischen Ursprungs sind – um sogenannte „Early landed late bottled" Cognacs. Die Jahreszahl der Destillation und die Verweildauer im Faß – bis zur Flaschenabfüllung – ist jeweils auf den Etiketten angegeben. Diese „Vintage Cognacs" werden unter den Namen des Cognac-Hauses oder als Eigenmarken eines Händlers angeboten. Die Fässer unterliegen bis zur Abfüllung amtlicher Kontrolle. Im englischen, maritimen Klima reift dabei der Cognac in den Eichenholzfässern unter vergleichbaren Bedingungen wie in seiner Heimat. Jahrgangsabfüllungen, die direkt vom Hersteller stammen, sind sehr selten und auch sehr teuer. Um 1860 begannen die Handelsfirmen, den Cognac in mit Namen und Etiketten versehenen Flaschen zu liefern. Dies bewirkte unter anderem, daß Cognac heute in der Reihenfolge – Marke – Alterungshinweis – und letztlich vielleicht nach der Region – vom Käufer bewertet wird. Die Zahl der verkauften Flaschen betrug 1998 130 Millionen. Davon waren etwas mehr als die Hälfte Qualités Supérieurs (V.S.O.P. und älter). Den Cognac-Markt teilen zu 85% die 30 größten Firmen unter sich auf. Darunter führend sind die „großen Vier" (Hennessy, Martell, Rémy Martin, Courvoisier) mit 15 bis über 35 Mio. Flaschen. Die anderen 26 Häuser produzieren zwischen 500 000 und 7 Mio. Flaschen. Den Rest von etwa 15% teilen sich rund 650 Händler und Produzenten. Nur etwa 6% (1998 7,5 Mio. Flaschen) werden in Frankreich selbst getrunken. Der Rest wird exportiert. Die Hauptabnehmerländer sind Japan, die USA, Großbritannien und an vierter Stelle Deutschland mit etwa 8 Mio. Flaschen (1998). Der Mindestalkoholgehalt für Cognac beträgt 40 %vol.

GENEVER

Die vor allem in Holland hergestellte Spirituosen-Spezialität gehört nach EU-Recht zu den Spirituosen mit Wacholder. Genever wurde um 1600 von Professor Franziscus Sylvius de Bove als „Mittel zur Förderung der Verdauung nach üppigem Mahl" geschaffen.

Er nannte sein mit Wacholder gewürztes Destillat aus Roggen, Mais und Gerstenmalz nach der vorherrschenden französischen Sprachsitte „Genièvre" (franz. Wacholder), woraus der Volksmund vereinfachend „Genever" oder „Jenever" machte. Das heutige EU-Recht erlaubt neben der deutschen Schreibweise „Genever" auch die Schreibweise „Jenever" (holländisch), „Genièvre" (franz. Flandern) und „Peket" (wallonische Bezeichnung). Genever wird hergestellt, indem Neutralalkohol mit Wacholderbeeren aromatisiert wird. Nach EU-Recht muß der Wacholderbeerengeschmack nicht wahrnehmbar sein. Diese Bestimmung entspricht der Praxis in Holland, die zwei Typen von Genever unterscheidet: „Jonge

(Junger) Jenever" und „Oude (Alter) Jenever". Der wasserklare „Jonge Jenever" hat nur noch eine ganz zarte Wacholdernote. Der „Oude Jenever" hat dagegen einen deutlichen Malz- und Getreidegeschmack. Er wird hergestellt, indem „Moutwijn" (sprich: Mautwein) mit würzenden Bestandteilen (unvergorenen Wacholderbeeren, Anis, Kümmel, Koriander usw.) und Neutralalkohol gemischt und nochmals destilliert wird. Moutwijn wird durch Destillation einer aus Mais, Roggen und viel Darrmalz hergestellten Maische gewonnen. Das EU-Recht sieht bisher (2000) keinen Mindestalkoholgehalt für Genever vor, weil sich Belgien und Holland nicht auf einen Wert einigen konnten. In der Praxis findet man heute Werte zwischen 30 %vol und 45 %vol. Großer Beliebtheit erfreuen sich auch die mit Fruchtauszügen versetzten Jenever. Den größten Marktanteil bei diesen fruchtigen Spezialitäten hat der „Bessen Jenever", eine Komposition aus Jonge Jenever mit schwarzen Johannisbeeren.

GIN

Seinen Ursprung hat der Gin im Genever. Der holländische Professor Franziscus Sylvius de Bove gilt als der „Erfinder" des Gins. Sein mit Wacholderbeeren gewürztes Korndestillat war der direkte Vorläufer des heutigen Gins. Von seinem „Genièvre" (franz. für Wacholder) leitete sich später auch die Bezeichnung Gin ab. Im England des späten 17. und frühen 18. Jahrhunderts nahm die Produktion von Gin einen ungeheuren Aufschwung, jedoch war dessen Qualität äußerst zweifelhaft. Erst 1751 nahm sich eine verantwortungsvollere Gesetzgebung der schlimmen Zustände an: Es wurden Steuern erhoben, und auch der Handel mit Gin unterstand nunmehr genauer Kontrolle. Diese Veränderungen führten in kurzer Zeit zum Ruin vieler „Hinterhof-Destillen", und die allgemeine Qualität des Gins verbesserte sich. Der nächste große Schritt in der Geschichte des Gins war die Erfindung von Aeneas Coffey, im Jahre 1830, mit der die Herstellung eines sehr sauberen Gins möglich war: ein völlig neuer Destillier-Apparat, der nach seinem Schöpfer Coffey still benannt wurde. Früher wurde der englische Gin aus Korndestillaten hergestellt. In der heutigen Zeit verwendet man sehr hoch ausgebrannten (96 %vol) neutralen Alkohol landwirtschaftlichen Ursprungs. Dieses Destillat wird unter Zusatz von Wasser auf 60 %vol Alkohol reduziert und zusammen mit Wacholderbeeren und Gewürzen – Anis, Angelika, Fenchel, Kalmus, Kardamom, Koriander, Lavendel, Mandel, Zimt, Kümmel u. a. – noch einmal destilliert. Auf Trinkstärke herabgesetzt, ist Gin ohne Lagerzeit trinkfertig. Man unterscheidet zwei Arten: den trockenen Dry Gin oder London Dry Gin und den mit Zucker gesüßten Old Tom oder Plymouth Gin. Der zweite Gin-Typ ist in Deutschland weniger bekannt. Der Ausdruck „Dry Gin" darf nur verwendet werden, wenn kein Zucker zugesetzt wurde. Auch die Bezeichnung „London Dry Gin" bezieht sich auf die trockene Art des Gins und nicht auf den Herstellungsort.

GRAPPA

Grappa (von Grappolo = Traube) ist die in Italien und im schweizerischen Tessin verwendete Bezeichnung für Brände, die durch Gärung von Trester aus Weintrauben und anschließender Destillation hergestellt werden. In den letzten Jahrzehnten erlebte dieses „Nebenprodukt" der Weinherstellung einen wohl einmaligen Aufstieg. Grappa hat auf Grund seines ganz eigenen Charakters einen Platz neben den anderen Destillaten gefunden. Trester von roten oder weißen Trauben werden gleichermaßen zu Grappa verarbeitet. Doch muß man hier zunächst unterschiedliche Wege beschreiten. Während man bei Rotweintrestern die bereits von der Weingärung her vorhandenen Alkoholreste gewinnt, müssen Weißweintrester zunächst vergären. Dies geschieht unter Luftabschluß in großen Tanks. Das Ergebnis der ersten Destillation ist nicht sehr hochprozentig. Man destilliert deshalb zwei- oder bei besonders wertvollen Produkten dreimal. Allein das sorgsam „herausgetrennte" Herzstück

wird verwendet. Aus 100 kg Trestermasse werden bis zu 4,5 Liter reiner Alkohol gewonnen. Früher wurde Grappa jung und rauh getrunken. Heute schätzt man weiche, abgelagerte Destillate. Mehr oder weniger zarte Brauntöne weisen auf eine Reifezeit in Eichenholzfässern hin, bei wasserklaren Bränden erfolgte die Lagerung meist in Stahl- oder Glasbehältern oder in Eschenholzfässern, die keinen Farbstoff abgeben. „Stravecchia" (Riserva) bedeutet, daß Grappa mindestens 12 Monate gelagert worden sein muß, davon sechs im Holzfaß. Die Vielfalt beim Grappa ist unendlich. Häufig bringt man rebsortenreine Marken heraus.

Der Mindestalkoholgehalt beträgt 37,5 %vol. Eine Besonderheit sind die Distillati d'Uva (Uva = Weintraube) bzw. Uve oder auch Acquavite d'Uva. Hierbei handelt es sich um keine Grappas, sondern um Traubenbrände. Sie werden aus dem vergorenen Most der Trauben hergestellt. Dieser wird destilliert, bevor die Gärung beendet ist.

Fürst Bismarck

Fürstlicher Kornbrand nach
dem Originalrezept aus Roggen
und Weizen feingebrannt

38% VOL

Fürstlich
von Bismarck'sche Brennerei GmbH
Friedrichsruh

KLARE SPIRITUOSEN

Klare, wasserhelle Spirituosen werden aus vielen unterschiedlichen Grundstoffen hergestellt. Führend darunter ist der Korn, der als typisch deutsche Spirituose gilt. Die Bezeichnung „Klarer" für Korn und klare Schnäpse zu verwenden, hat sich zwar eingebürgert, ist aber grundsätzlich falsch. Der „Klare", wie man ihn fachlich versteht, ist eine Spirituose, die erst durch die exakt abgrenzenden Begriffsbestimmungen entstanden ist. Ursprünglich war der Klare eine Sammelbegriff für alle wasserhellen Spirituosen. Heute bezeichnet man als „Klaren" eine wasserklare Spirituose der einfachsten Art. Rund ein Viertel der deutschen Spirituosenproduktion entfällt auf den Korn.

Er darf nur aus Weizen, Gerste, Roggen, Hafer und Buchweizen hergestellt werden. Der Ursprung der Kornbrennerei in Deutschland läßt sich bis ins 16. Jahrhundert zurückverfolgen. Kornbrand wird fast ausschließlich im nördlichen Teil Deutschlands hergestellt und verbraucht. Korn muß einen Mindestalkoholgehalt von 32 %vol aufweisen, für Kornbrand sind 37,5 %vol vorgeschrieben. Nach sechs Monaten Lagerzeit darf Korn sich als „alt" bezeichnen. Vielfach wird Korn zur Geschmacksverfeinerung in Holzfässern gelagert. Auch der Steinhäger ist eine typisch deutsche Spirituose. Durch EU-Recht ist Steinhäger wieder zu einer Herkunftsangabe geworden, d. h., jeder Steinhäger muß in Steinhagen, einem kleinen westfälischen Städtchen, hergestellt werden. Steinhäger zählt zu den Spirituosen mit Wacholder.

Eine weitere Wacholderspirituose ist der Wacholder selbst. Dieser wird durch Destillation von Wacholderbeeren nach Überziehen mit Neutralalkohol gewonnen. Eine Spezialität der Alpen ist der „Enzian". Als Ausgangsbasis dafür dienen die armdicken Wurzeln des gelben Enzians. Das Enziandestillat wird durch Gärung der Wurzeln mit oder ohne Zusatz von Neutralalkohol gewonnen. Der Mindestalkoholgehalt beträgt 37,5 %vol, bei bayerischem Gebirgsenzian 38 %vol.

FRUCHTLIKÖR

Die Liköre zählen zu den beliebtesten Spirituosen und belegen nach Wein- und Kornbrand in ihrer Gesamtheit den dritten Platz im Spirituosenangebot. Darunter wiederum sind die „Fruchtigen" die führende Gruppe. Liköre bestehen immer aus Alkohol, Wasser und Zucker. Für die weiteren Unterschiede sorgt eine fast unüberschaubare Zahl an geschmackgebenden Zutaten. Bis vor kurzem unterschied man je nach Ausgangsstoff, Extrakt- und Alkoholgehalt in viele Untergruppen. Heute sind alle Spirituosen der Gattung Likör zuzuordnen, wenn ihr Zuckergehalt mehr als 100 g pro Liter im Fertigerzeugnis beträgt. Der zur Herstellung eines Likörs nötige Alkohol kann aus Neutralalkohol oder aber aus nahezu allen uns bekannten Spirituosen bestehen. Der Mindestalkoholgehalt muß 15 %vol (Eierlikör: 14 %vol) betragen. Neben dem Zucker enthalten Liköre geschmackgebende Rohstoffe, wie z. B. Fruchtsäfte, Pflanzenauszüge, Kakao, Kaffee, Honig usw. Eine große Rolle spielen dabei auch Aroma- und Farbstoffe. Man unterscheidet zwischen Fruchtsaft- und Fruchtaromalikören und Fruchtbrandys. Fruchtsaftliköre sind Spirituosen, in denen der Saft derjenigen Fruchtarten, nach denen die Liköre benannt sind, als geschmackbestimmender Anteil enthalten ist. Der Gehalt an Fruchtsaft muß mindestens 20 Liter aus 100 Liter Fertigware betragen. Dabei sind Zusätze weiterer Fruchtsäfte sowie natürlicher Aromastoffe erlaubt. Die Färbung mit Farbstoff ist unzulässig. Fruchtaromaliköre sind Spirituosen, die ihren charakteristischen Geschmack aus Früchten erhalten, nach denen sie benannt sind. Die Verwendung künstlicher Aromastofe mit Ausnahme von Ethylvanillin ist unzulässig. Die Färbung mit künstlichen Farbstoffen ist erlaubt.

Fruchtbrandys sind Fruchtliköre, die einen geschmackbestimmenden Anteil an Obstbrand enthalten, der aus der namengebenden Frucht gewonnen sein muß. Auf den folgenden Seiten werden alle anderen Likörarten beschrieben.

KRÄUTER- UND GEWÜRZLIKÖR

Wie so viele Erfindungen der Menschheit wurde auch der Likör wahrscheinlich von verschiedenen Leuten an mehreren Orten zugleich „erfunden". Eine der ältesten Aufzeichnungen belegt, daß der Leibarzt mehrerer Päpste, Dr. Arnoldus Villanovanus, bereits im 13. Jahrhundert „Aqua Vitae" durch Süßen wohlschmeckender machte. Diese Flüssigkeit benannte er einfach nach dem lateinischen Wort für Flüssigkeit – „Liquor".

Die Verbreitung der Destillation im 16. Jahrhundert bewog viele Heilkundige, Mediziner und Alchimisten zu Experimenten mit Kräutern, Gewürzen und Pflanzen.

Besonders die Mönche in den Klöstern entwickelten über Jahrhunderte zum Teil heute noch weltweit bekannte Edelliköre. Nach und nach wurde der Branntwein und die daraus entstandenen Heilgetränke zum beliebten Genußmittel. Die ersten großen Herstellungsbetriebe entstanden schließlich im 19. Jahrhundert, und schon damals sagte man den Likören eine große Zukunft voraus.

Viele Likörproduzenten sind heute international tätig und bieten meist ein umfassendes Sortiment an. Die Klassiker unter den Likören sind jedoch die in den Klöstern entwickelten Rezepturen. Diese „Elixiere" sind oft schon seit Jahrhunderten bekannt und werden bis heute nach geheimgehaltenen Rezepturen bereitet. Liköre auf der Basis von Kräutern und Gewürzen sind immer hocharomatisch und meist alkoholstark.

Man trinkt sie in der Regel pur und ungekühlt, zum Teil werden sie auch zum Mixen verwendet. Einige internationale Cocktail-Klassiker sind durch sie entstanden. Galliano z. B. wird fast ausschließlich zum Mixen verwendet.

ORANGENLIKÖR

Liköre aus Zitrusfrüchten stellen die größte Gruppe unter den Fruchtaromalikören. Darunter wiederum sind die Orangenliköre mit weitem Abstand führend. Zur Familie der Orangenliköre gehört auch der Curaçao. Dieser wird auf den nachfolgenden Seiten vorgestellt. Wichtigster Bestandteil dabei ist die Schale der karibischen Bitterorange. Diese entwickelte sich auf der heute niederländischen Karibikinsel Curaçao, als dort im 16. Jahrhundert süße Orangen aus Valencia angepflanzt wurden. Nachdem jedoch die Spanier alle Wälder der Insel abgeholzt hatten und das Grundwasser verschwand, paßte sich die Frucht den Umweltbedingungen an und wurde bitter und ungenießbar. Doch das in der Schale enthaltene aromatische ätherische Öl erwies sich als ideale Likörkomponente. Inzwischen wird die bittere Karibik-Orange auch auf anderen karibischen Inseln (Haiti, Jamaika) und auch im heißen Süden Spaniens angebaut. Auf dem Wege der Mazeration und anschließender Destillation werden die Orangenschalen verarbeitet. Das Herstellungsverfahren der Curaçao-Liköre und auch von Cointreau weicht von dem hier Beschriebenen ab. Bei diesen destilliert man etwas länger, um den typischen, etwas herbaromatischen Geschmack der weißen Innenhaut der Orangenschalen im Destillat mit einzufangen. Dadurch erreicht man gleichzeitig, daß bei Kälte die bei Curaçao und Cointreau so beliebte opaleszierende (milchige) Trübung entsteht. Die alkoholische Basis bei den Orangenlikören ist reinster Neutralalkohol. Nicht der Alkohol ist ausschlaggebend für die Qualität, sondern die aromatischen Auszüge aus den Orangenschalen. Natürlich gibt es Ausnahmen: Beim weltberühmten Grand Marnier z. B. wird anstelle von Neutralalkohol Cognac verwendet. Den gelben Farbton bei Orangenlikören erhält man durch karamelisierten Zucker. Orangenliköre trinkt man ungekühlt pur, zum Digestif oder zum Kaffee und „on the rocks". Beim Mixen sind sie eine der Säulen der Cocktailgeschichte.

CURAÇAO

Der Curaçao zählt zu den Orangenlikören und ist damit den Zitrusli-
kören zuzuordnen. Diese wiederum
zählen zu den Fruchtaromalikören.
Beim Curaçao sind die ursprünglich
nur auf der Karibikinsel Curaçao
wachsenden Bitterorangen die Basis. Das Destillationsverfahren unterscheidet sich von dem bei Orangenlikören angewandten Verfahren,
ist aber im Prinzip gleich (siehe
Orangenliköre, Seite 221). Bei der
Herstellung von Curaçao werden die
Schalen äußerst großzügig eingesetzt. Der Extrakt, der dann bei der
Destillation des Mazerats gewonnen
wird, enthält dann die ätherischen
Öle der Schalen, und man benötigt
keine weitere Aromatisierung mit
anderen Gewürzen. Man verwendet
auch nur Neutralalkohol, um die
Geschmackskomponenten nicht zu
beeinflussen. Der klassische Curaçao ist wasserhell und klar. Er wird
aber auch gefärbt angeboten. Curaçao Orange wird mit karamelisier-
tem Zucker, Curaçao Blue, Green
und Red mit zugelassenen Farbstoffen gefärbt. Früher war Curaçao
meist hochprozentig, ein Mindestalkoholgehalt von 35 %vol ist heute
nur noch vorgeschrieben, wenn die
zusätzliche Bezeichnung „Triple
Sec" (dreifach trocken) verwendet
wird. Diese „Triple-Sec"-Curaçaos
weisen einen geringeren Zuckergehalt auf. Curaçao wird selten pur getrunken, ist aber als Geschmacks-
geber beim Mixen unentbehrlich.
Keine Likörgattung ist in so vielen
Drinks zu finden wie der Curaçao in
allen seinen Spielarten.
Besonders Curaçao Blue ist als
Farbgeber unersetzlich. Mixgetränke, die Fruchtsäfte enthalten, verfär-
ben sich durch Curaçao Blue jedoch oft grün. Dies liegt an den
Fruchtsäuren und bei Fertigproduk-
ten auch an den Konservierungs-
stoffen. Unter den angebotenen Cu-
raçao-Marken gibt es große Quali-
tätsunterschiede. Hier ist der Preis
eine gute Meßlatte. Natürlich kostet
ein Curaçao, der im klassischen Verfahren hergestellt ist, mehr als einer,
der aus künstlichen Aromastoffen,
Alkohol, Zucker, Wasser und Farbstoffen zusammengerührt ist.

KIRSCHLIKÖR

In der bunten Welt der Liköre nimmt der Kirschlikör eine überragende Stellung ein. In seiner Kategorie – den Fruchtsaftlikören – ist der Kirschlikör bei uns unangefochtener Spitzenreiter. Das Angebot erstreckt sich jedoch nicht nur auf einheimische Marken. Jeder große internationale Likörhersteller hat Kirschlikör und/oder Cherry Brandy im Programm. Auch Einzelmarken wie Cherry Heering sind weltweit bekannt. Alle Länder Mitteleuropas betreiben intensiven Obstanbau, und überall, wo es Kirschen gibt, gibt es auch Kirschlikör.

Die wichtigsten Herstellerländer sind Deutschland, Frankreich, die Niederlande, die Schweiz, Österreich, Italien und Dänemark. Aus ihnen sind zahlreiche Kirschlikör-Marken bekannt, und manche davon genießen Weltruf. Die EU-Verordnungen haben einen Mindestalkoholgehalt von 15 %vol für Liköre festgesetzt. In der Regel werden die Kirschliköre jedoch weiterhin mit einem höheren Alkoholgehalt angeboten. Kirschlikör muß mindestens 20 Liter Fruchtsaft aus 100 Liter Fertigware enthalten. Der Zusatz von Zuckerkulör oder die Färbung mit Farbstoffen ist nicht erlaubt. Eine besondere Art Kirschlikör ist der Cherry Brandy. Er ist im wesentlichen eine Zubereitung aus Kirschsaft, Kirschwasser, Zucker oder Stärkesirup, Neutralalkohol und Wasser. Er muß einen genügenden Gehalt an Kirschsaft und Kirschwasser haben, um den Geruch und Geschmack dieser Stoffe erkennen zu lassen. Es dürfen auch keine Farbstoffe zugesetzt werden. Für die zusätzliche Bezeichnung „Brandy" wurde eine Ausnahmeregelung erlassen, da diese Bezeichnung ansonsten den Destillaten aus Wein vorbehalten ist.

Kirschlikör und Cherry Brandy sind beliebte Mix-Liköre. Man trinkt sie pur leicht gekühlt oder „on the rocks". Eine weitere Kirschlikörvariante ist der Maraschino. Dies ist ein wasserheller Fruchtaromalikör, der unter Mitverwendung von Kirschbrand aus der adriatischen Sauerkirsche Maraska hergestellt wird.

CASSIS

Cassis ist der französische Name für schwarze Johannisbeere. Echter Cassis-Likör kommt aus einem fest umrissenen Gebiet Frankreichs, aus Burgund. Hier wachsen die Früchte für diesen mittlerweile klassischen Likör. Der Cassis ist nach den berühmten Weinen Burgunds zweite trinkbare Spezialität. Rund 30 Cassis-Hersteller produzieren in der Umgebung von Dijon. Auf den kalkhaltigen und trockenen Böden gedeihen die Beeren besonders gut. Viele Winzer der Côte d'Or pflanzen schwarze Johannisbeeren als zweite Kultur an. Geerntet werden im Juli rund eine Million Kilogramm. Die bekanntesten und wertvollsten Sorten heißen „Noir de Bourgogne", „Royal de Naple" und „Black Down". Kriterium für die Beurteilung der Qualität des Cassis ist die Fruchtkonzentration im Likör. Je höher der Fruchtanteil, desto hochwertiger ist das Produkt. Die meisten Cassis-Marken haben einen Fruchtanteil von 300 bis 400 Gramm per Liter Infusion. Wird Cassis als „Cassiscrème" angeboten, so muß er einen Mindestzuckergehalt von 400 Gramm pro Liter aufweisen. Der Mindestalkoholgehalt beträgt – wie bei allen Likören – 15 %vol. 1978 wurde beim Europäischen Gerichtshof ein Musterprozeß geführt, der mit dem berühmt gewordenen „Cassis-Urteil" endete. Vorher mußte der in Frankreich mit 16 bis 20 %vol verkaufte Crème de Cassis auf die hier verordneten 25 %vol verstärkt werden. Nach dem Urteil konnten ausländische Hersteller alle ihre Produkte mit dem Alkoholgehalt in der Bundesrepublik verkaufen, der im Ursprungsland üblich war. Da keine Konservierungsstoffe und keine Farbstoffe verwendet werden, ist Cassis empfindlich gegen Licht und Sauerstoff. Deshalb sollten die Flaschen nicht hellem Licht ausgesetzt und geöffnete Flaschen möglichst kühl aufbewahrt werden. Cassis wird bevorzugt für die französische Spezialität „Kir" und „Kir Royal" verwendet. Darüber hinaus eignet sich Cassis ausgezeichnet zum Mixen. Pur trinkt man ihn gekühlt im Likörglas.

CREAMLIKÖR

Keiner anderen Getränkegattung war in ihrer Gesamtheit jemals ein solcher Erfolg beschieden wie den Creamlikören. Damit sind die sahnigen Liköre gemeint und nicht die altehrwürdigen Fruchtliköre Crème de Cassis, Crème de Framboise, Crème de Cacao oder Crème de Banane. Das Cassis-Urteil des Europäischen Gerichtshofs von 1978 (siehe Cassis, Seite 227) trug dazu bei, daß die bis dahin den deutschen Bestimmungen nicht entsprechenden niedrigprozentigen Sahneliköre ihren Siegeszug antreten konnten. 1979 erfolgte mit Baileys Irish Cream die Einführung des ersten Creamlikörs auf dem deutschen Markt. Der deutsche Getränkekonzern Eckes reagierte als erster und führte Mitte 1980 seinen bis heute sehr erfolgreichen Chantré Cream ein. Der unglaubliche Erfolg der ersten Marken führte zur Entwicklung von Creamlikören auf der Grundlage von vielen Spirituosen, Likören und sonstigen Geschmacksgebern. Dem klassischen Irish Whiskey als Basis folgten Weinbrand, Cognac, Calvados, Grand Marnier, Rum, Apricot, Amaretto, Kirschlikör, Schokolade und viele weitere, zum Teil abenteuerliche Mischungen mit Tequila, Himbeergeist, Fernet, Café oder Grappa. Die Zeit war damals reif für niedrigprozentige Liköre und die Verbindung mit Sahne ein Volltreffer. Die Frage, warum dies erst 1979 geschah, wird mit der problematischen Herstellung beantwortet. Bei Baileys wurde vier Jahre experimentiert, bis ein verwertbares Ergebnis entstand. Das Problem dabei war die dauerhafte Verbindung der Sahne mit dem Alkohol. Produkttechnisch gehören die Cream- oder Sahneliköre in die Gruppe der Emulsionsliköre. Als Mindestalkoholgehalt gilt auch hier 15 %vol, die meisten Marken werden mit 17 %vol angeboten. Der Sahneanteil muß mindestens 15% betragen und diese einen Mindestfettgehalt von 10% aufweisen. Creamliköre sollten gekühlt aufbewahrt und getrunken werden. Beliebt ist es, sie zum Kaffee zu trinken oder direkt in den Kaffee zu gießen.

SCHOKOLADENLIKÖR

Schokoladenliköre sind zwar schon lange bekannt, führten aber in Deutschland ein stiefmütterliches Dasein.

Obwohl Schokolade auch bei uns die beliebteste Süßigkeit ist, konnte sich die flüssige Form nie durchsetzen. Mit der in den 80er Jahren einsetzenden Renaissance der Liköre und der Creamlikörwelle kamen auch die Schokoladenliköre zu neuen Ehren.

Die bekanntesten Marken (DuChalet, Chocolat Royal von Marie Brizard und Mozart) werden nicht nur in ihren Herstellerländern und bei uns angeboten, sondern genießen auch international einen ausgezeichneten Ruf. Vielfach werden sie zur Verfeinerung von Eis und Desserts verwendet. Sie sind aber leicht gekühlt oder zum und im Kaffee ein unglaublicher Genuß.

Wie auch die Creamliköre zählen die Schokoladenliköre zur Gruppe der Emulsionsliköre und müssen wie alle Liköre (Ausnahme Eierlikör mit 14 %vol) einen Mindestalkoholgehalt von 15 %vol aufweisen. Sie werden aus verflüssigtem Schokoladenpulver oder aus Schokolade mit Alkohol, Wasser und Aromastoffen wie z. B. Vanille hergestellt.

Das Problem der Haltbarkeit, der Emulsion (Vermischung) und der Konsistenz scheint gelöst, denn alle Schokoladenliköre haben heutzutage die genau richtige Dichte.

KAKAO-/NUSSLIKÖR

Der Kakaolikör zählt zu den klassischen Mixlikören. Jeder große internationale Likörhersteller hat Kakaoliköre im Programm. Während der braune Kakaolikör auch pur getrunken wird, ist der etwas süßere weiße fast nur den Mixgetränken vorbehalten. Man unterscheidet zwei Sorten: Der weiße, wasserhelle Likör ist meist ein reines Destillaterzeugnis, der braune dagegen besteht aus einer Mischung von Mazerat und Destillat und unterscheidet sich dadurch von dem ersteren durch seine Farbe und einen etwas herberen, kräftigeren Kakaogeschmack.

Kakaolikör wird aus Kakaobohnen, Zuckerlösung und Neutralalkohol hergestellt und eventuell mit Kirschwasser und Vanille abgerundet. Für die Herstellung von Nußlikören eignen sich sowohl Haselnüsse als auch Walnüsse. Sie werden auf dem Wege der Mazeration mit Zusätzen wie Mazis, Piment (Jamaikapfeffer) und Zitronenschalen bereitet. Zum Teil wird Arrak und etwas Bittermandelöl mitverwendet. Nußliköre trinkt man pur, „on the rocks" und zum Kaffee. Auch zum Mixen wird Nußlikör verwendet.

KAFFEELIKÖR

Mit dem Einzug der Kaffeebohne in Südamerika entwickelten sich neue Variationen des Kaffeegenusses. In diese Zeit fällt die Entstehung vieler Kaffeelikör-Rezepte. Zur Herstellung des Likörs wird Kaffee perkoliert, d. h. ständig mit Alkohol übergossen, der die Extrakt-, Aroma- und Farbstoffe auszieht. Dann kann das gewonnene Perkolat mit Gewürzen wie Muskat, Zimt oder Vanille sowie mit Zucker angereichert werden. Für den Espresso Coffee Liqueur wird eine spezielle Mischung von Kaffeebohnen verwendet, die intensiver geröstet wird.

KOKOSLIKÖR

Mehr als alle anderen Spirituosenarten sind die Liköre Trends unterworfen. Es gibt unter ihnen Klassiker, Long- und Bestseller, Newcomer und Kurzlebige. Neben den Creamlikören verbuchten die Kokosliköre (und der Amaretto) die größten Erfolge in den 80er Jahren. Lange Zeit wurden sie von den Likörschöpfern der großen Spirituosenunternehmen sträflich vernachlässigt, und nur „Batida de Coco" befriedigte als Trendsetter ab 1978 den Wunsch nach dem Geschmack der braunen Kugel. Mittlerweile folgten verschiedene Hersteller der Nachfrage und mußten dies, wenn man die Absatzzahlen ansieht, nicht bereuen. Kokosliköre sind, ob in klarer oder milchiger Form, ideal zum Mixen. Sie vertragen sich bestens mit anderen Zutaten und aromatisieren jeden Drink mit ihrem überaus beliebten Geschmack.

AMARETTO

Zu den großen Aufsteigern der 80er Jahre gehört der Amaretto. Er war nach den Cream- und Kokoslikören die dritte Likörart, die sich schnell und dauerhaft durchsetzte. Obwohl Amaretto zu den ältesten Likörsorten in Italien gehört, wurde er erst zu Beginn des letzten Jahrzehnts bei uns richtig entdeckt. Er ist ein vollsüßer Likör auf der Basis von Mandeln und wird heute in einer Vielzahl von Marken angeboten. Die überragende Premium-Marke ist dabei der weltweit bekannte Marktführer Di Saronno Amaretto Originale. Die unterschiedlichen Geschmacksnuancen der einzelnen Marken ergeben sich durch die Art der Verarbeitung und der zusätzlich verwendeten Aromastoffe, wie z. B. Aprikosenkerne oder -öl, Vanille, Honig und Kräuterextrakten. Amaretto trinkt man pur, auf Eiswürfeln, als Digestif und zum oder im Kaffee. Auch beim Mixen findet der Amaretto vielfach Verwendung.

WHISKYLIKÖR

Wo es Whisky gibt, ist der Whisky-
likör nicht weit. Die klassischen
Marken sind daher in Schottland
und Irland zu finden. Der schottische Drambuie ist die größte und
bekannteste Marke.

Irland ist international nur mit dem
legendären Irish Mist vertreten. Das
Charakteristische an ihnen ist die
Süßung mit Honig. Außer diesem
werden noch Kräuterextrakte zugesetzt. Trotz der gleichen Ausgangs-
stoffe unterscheiden sie sich vonein-
ander, aber allen gleich ist die feine
aromatische Süße, die den meist
hohen Alkoholgehalt überdeckt.
Whiskyliköre sind ausgezeichnete
Digestifs, aber auch Mixspirituosen.
Der hier abgebildete Southern
Comfort ist die größte Liqueur-Mar-
ke der USA. In früherer Zeit war
seine Basis Whiskey, heute wird
Neutralalkohol verwendet. Dazu
kommen Frucht- sowie Kräuter-
auszüge. Southern Comfort ist sowohl als Pur-Getränk wie auch als
Mixspirituose gleichermaßen beliebt.

PFIRSICHLIKÖR

Der Nachfrage nach leichtalkoholischen Likören in neuen Geschmacksrichtungen kamen die Likörproduzenten seit Ende der 70er Jahre mit den Cream- und Kokoslikören sowie dem Amaretto nach. Ermöglicht wurde dies auch durch das sog. Cassis-Urteil des Europäischen Gerichtshofs, das nun niedrigere Alkoholgehalte erlaubte (siehe Cassis, S. 227). Der überwältigende Erfolg der neuen Liköre bewog viele Hersteller zu Experimenten mit weiteren Fruchtarten. Als erfolgreichste Neuschöpfung setzten sich die Pfirsichliköre durch. Neben den oben genannten Likörarten zählen sie heute als viertes großes Segment zu den erfolgreichsten Neueinführungen. Pfirsichliköre waren zwar schon vorher bekannt, jedoch nicht in dieser geschmacklichen Intensität und mit dem niedrigen Alkoholgehalt. Erwähnenswerte frühere Pfirsichliköre sind nur der Persico und der Peach Brandy.

Persico ist ein rötlicher Likör mit wenig Pfirsicharoma, dafür aber einem starken, von den reichlicher mitverarbeiteten Steinen herrührendem Bittermandelaroma. Peach Brandy stellte man unter Zugabe von Pfirsichgeist her. In die neuen EU-Verordnungen wurde er jedoch als Fruchtbrandy nicht mehr berücksichtigt. Er eignete sich zwar zum Mixen, aber nur der 30%ige Peach Brandy von Marie Brizard hatte größere Marktgeltung. Die heutigen Pfirsichliköre sind nicht mehr so alkoholstark und weisen einen Alkoholgehalt zwischen 15 und 24 %vol auf. Sie sind alle hocharomatisch und werden vielfach als Basis für leichte, erfrischende Longdrinks verwendet. Die beliebtesten Zugaben sind Sekt/Champagner, Orangensaft, Bitter Lemon, Tonic Water und Ginger Ale. Doch auch gekühlt pur, „on the rocks" und als Mixlikör haben sich die Pfirsichliköre durchgesetzt.

BANANENLIKÖR

Als Crème de Banane ist der Likör aus der krummen gelben Frucht seit langem ein Teil des Barsortiments. Obwohl ihm großer Erfolg als Mixlikör bei uns versagt blieb, führten ihn die großen internationalen Likörproduzenten immer im Programm.

Mit Beginn der 80er Jahre, als viele neue Likörarten wie Cream, Kokos, Amaretto und Pfirsich den Markt belebten, kam auch die Banane wieder zu Ehren. Einen großen Anteil daran hatten die aus der grünen Banane hergestellten Marken. Dabei steht „grün" nicht für unreif, sondern für eine kleine grüne Bananenart. Für die gelben Bananenliköre hingegen werden die kleinen, meist unscheinbaren afrikanischen Bananen verwendet. Die bei uns im Handel erhältlichen schönen Speisebananen aus Mittelamerika sind zur Herstellung von Bananenlikör nicht geeignet. Die Welle der Tropical Drinks führte zur Renaissance der Bananenliköre. Besonders beliebt sind dabei die fruchtigen Longdrinks auf der Basis von Fruchtsäften, einer Spirituose und einem Likör. Schon alte Destillationshandbücher weisen auf die schwierige Verarbeitung der Banane hin. Beim Pressen von Bananen erhält man keinen Saft, sondern nur Brei. Dieser wird mit Alkohol versetzt, das Mazerat dann abgepreßt und die Preßrückstände zur Wiedergewinnung des Alkohols destilliert. Die neuentwickelten Verfahren zur Gewinnung der Aromastoffe erlauben heute die problemlose Herstellung der hocharomatischen gelben und grünen Bananenliköre.

PFEFFERMINZLIKÖR

Pfefferminzliköre besitzen einen starken, kühlenden und erfrischenden Pfefferminzgeschmack. Sie werden aus Pfefferminzöl, reinem Alkohol und Zucker hergestellt. Das Öl gewinnt man durch Wasserdampfdestillation aus den Blättern bestimmter Pfefferminzpflanzen. Es riecht durchdringend aromatisch, schmeckt würzig-scharf brennend und hinterher kühlend. Diese kühlende Wirkung beruht auf dem hohen Gehalt an Menthol. Unter den verschiedenen Sorten genießt das englische Mitcham-Pfefferminzöl den besten Ruf. Durch die hohe Konzentration dieses ätherischen Öls genügen schon kleine Mengen zur Herstellung des Likörs. Pfefferminzlikör wird zum Großteil in grüner Farbe angeboten. Ob man weißen oder grünen Likör verwendet, spielt geschmacklich keine Rolle. Die als „Crème de Menthe" angebotenen Liköre weisen einen höheren Zuckergehalt auf. Pfefferminzlikör trinkt man gekühlt pur, auf Eiswürfeln oder gestoßenem Eis. Als Hausmittel gegen Magenbeschwerden blickt der Pfefferminzlikör auf eine lange Tradition zurück. Zur Verwendung als Mixlikör hat er nicht die Beliebtheit wie in den USA erreicht, aber allein wegen dem weltberühmten „Grasshopper" befindet sich Pfefferminzlikör seit jeher in jeder Bar. Pfefferminzlikör verleiht beim Mixen auch in kleinen Dosierungen jedem Drink die Frische und den Geschmack der Pfefferminze. Er verträgt sich gut mit Spirituosen, Fruchtsäften, Sahne und Likören, wie z. B. Schokolade, Banane, Kakao, Kaffee und Kokos.

SAMBUCA

Sambuca ist eine klassische italienische Likörspezialität mit einem ausgeprägten Anisgeschmack. Er zählt zu den bekanntesten italienischen Likören und entwickelt sich auch bei uns immer mehr zur Trendspirituose. Die alkoholische Basis ist Holunder (ital. Sambuco). Der Geschmack und das Aroma werden jedoch durch den Anis geprägt, dessen Samen bei der Herstellung verwendet werden. Obwohl man Sambuca zu den Anislikören zählt, gilt er doch als eigenständige Gruppe innerhalb der Anisgetränke. Der Mindestalkoholgehalt für Sambuca ist mit 38 %vol für einen Likör relativ hoch. Dieser unterstützt seine Wirkung als Digestif.

Man trinkt Sambuca vorzugsweise zum oder im Kaffee. Seine Wirkung als Digestif verstärkt man gerne mit der Zugabe von zwei oder drei Kaffeebohnen (con la Mosca = mit der Fliege). Diese werden in den Sambuca gegeben, zerkaut und mitgetrunken. Diese Mischung von Koffein und Anis mit einer Spur Holunder macht ihn zu einer anregenden Verdauungshilfe und einem Genuß für die Geschmacksnerven.

Beliebt ist es auch, den „Sambuca con la Mosca" anzuzünden. In Italien wird neben dem klassischen wasserhellen Sambuca auch eine dunkle Variante, der „Sambuca Negra", angeboten. Dieser ist bereits mit Kaffee vermischt.

LIMONADE

Der Name Limonade stammt von der Limone. Früher verstand man darunter nichts anderes als Zitronensaft mit Wasser und Zucker. Heute kann die Limonade auch andere Fruchtsäfte enthalten. In diesem Fall wird sie ausdrücklich als „Limonade mit Fruchtsaft" deklariert. Im allgemeinen werden Limonaden allerdings aus natürlichen Aromastoffen, Fruchtauszügen, Zucker, Genußsäuren (Zitronen-, Wein- und Apfelsäure), Trink- oder Mineralwasser hergestellt.

Der Zuckergehalt beträgt mindestens 7%. Wenn natürliche Farbstoffe zugesetzt werden, muß auf dem Etikett der Hinweis „gefärbt" vermerkt sein. Tonic Water gehört ebenfalls zu den Limonaden, und zwar zu den klaren mit natürlichen Zitrusauszügen und einem Zusatz von höchstens 0,085 g Chinin pro Liter. Die Chinin-Beigabe muß deklariert werden. Bitter Lemon und andere Bitter-Getränke sind Limonaden, die mit den entsprechenden Fruchtauszügen und immer mit einem Bitter-Aroma hergestellt wer-

den, das meist von einem Chinin-Zusatz oder von bestimmten Kräutern stammt. Koffeinhaltige Limonaden enthalten 65 bis höchstens 250 mg Koffein pro Liter neben sonstigen Frucht- oder Pflanzenauszügen, meist von der Cola-Nuß (Colagetränke). Ihre bräunliche Färbung stammt vom Zuckerkulör.

Die Angabe „koffeinhaltig" muß auf dem Etikett stehen. Brausen gelten als „nachgemachte Limonaden". Sie enthalten statt natürlicher ganz oder teilweise künstliche Essenzen und Farbstoffe.

Der Zucker wird oft durch Süßstoffe ganz oder teilweise ersetzt. Limonaden gibt es auch kalorienreduziert. Der geringere Zuckergehalt wird dabei mit Süßstoffen ausgeglichen.

Die Bezeichnung „light" ist von den Verordnungen nicht näher definiert. Sie darf bei Erfrischungsgetränken nur zusammen mit der Angabe „kalorienarm" bzw. „kalorienreduziert" verwendet werden. Diese Limonaden haben mindestens 40 % weniger Kalorien als herkömmliche Produkte.

OBSTBRAND

Die Herstellung von Obstbränden beschränkt sich auf die obstreichen Regionen Mitteleuropas. Weltberühmt sind die Brände aus dem Schwarzwald, aus dem Elsaß und der Schweiz. Die hauptsächlich verwendeten Obstsorten sind Kirschen, Birnen, Himbeeren, Zwetschgen und Mirabellen, in Österreich noch Marillen (Aprikosen). Das wichtigste Unterscheidungsmerkmal bei den Obstbränden war bisher die Einteilung in Obstwasser und Obstgeist. Nach neuem EU-Recht steht nun Obstbrand anstelle des früheren Obstbranntwein als Oberbegriff. Man unterscheidet nun zwischen „Obstbrand aus vergorenen Früchten" und „Obstbrand aus nicht oder nur angegorenen Früchten". Bei ersteren darf als Rohstoff ausschließlich die frische, fleischige Frucht (mit oder ohne Steine) oder der frische Most aus dieser Frucht verwendet werden. Ein Zusatz von Zucker ist unzulässig, und der gesamte Alkohol muß aus der Vergärung der Frucht stammen. Auch das Aroma der Brände muß allein von der verwendeten Frucht stammen, und eine Aromatisierung durch Zusatz von naturidentischen oder künstlichen Aromastoffen ist nicht erlaubt.

Für die Obstbrände der zweiten Gruppe dienen als Rohstoff nicht oder teilweise vergorene Früchte, die mit Alkohol überzogen und anschließend destilliert werden. Dieses Verfahren wird in der Regel bei zuckerarmen Früchten angewandt. Dazu zählen u. a. Himbeeren, Brombeeren, Vogelbeeren, Holunderbeeren und Schlehen.

Für Obstbrände ist ein Mindestalkoholgehalt von 37,5 %vol vorgeschrieben. Das EU-Recht erlaubt jedoch für Erzeugnisse, die unter dem Namen einer Region eines Landes verkauft werden, einen höheren Mindestalkoholgehalt. In Deutschland muß der Mindestalkoholgehalt 40 %vol betragen, wenn die Bezeichnung „Schwarzwälder" verwendet wird. Die ideale Trinktemperatur liegt um die 16 Grad Celsius. Das ideale Glas ist tulpenförmig und hat einen Stiel.

PORT

Die Vorläufer des heutigen Portweins trugen einmal andere Namen und waren schon in der Römerzeit bekannt. Die wirkliche Geschichte des Portweins begann aber erst in der 2. Hälfte des 17. Jahrhunderts. Mit der Gründung der Companhia Geral da Agricultura dos Vinhos do Alto Douro. Das Douro-Gebiet wurde abgegrenzt und ist somit das älteste gesetzlich abgegrenzte Weinbaugebiet der Welt. Das Douro-Tal mit seinen tiefen Nebentälern im Norden Portugals erstreckt sich von der spanischen Grenze im Osten über eine Länge von etwa 100 Kilometern nach dem Westen. Dieses Gebiet, durch hohe Gebirgszüge vor den atlantischen Winden geschützt, besteht hauptsächlich aus Schiefer. Man findet dieses Gestein auf der ganzen Welt. Überall brechen die Platten in horizontaler Richtung. Im Douro-Bezirk Nordportugal hingegen spalten sie sich in einem Winkel von 60 bis 90° zum Erdinneren. Dadurch können die Rebstöcke ihre Wurzeln tiefer in das Erdreich treiben (bis zu 10 Meter und mehr) und auch in trockenen Jahren Feuchtigkeit aus dem Boden ziehen. Von den 240 000 ha, die das Douro-Tal umfaßt, werden etwa ein Zehntel für den Weinbau genutzt. Rund 25 000 Weinbauern sind in diesem Gebiet ansässig. Über 80 Rebsorten gibt es im Douro-Gebiet. Davon ist die Hälfte für die Portweinherstellung zugelassen. Es werden drei Kategorien unterschieden: empfohlen, erlaubt und toleriert. Ende September, Anfang Oktober beginnt die Ernte der Trauben und die Weinbereitung. Die Trauben werden sofort in die Maschinen geschüttet, die sie zerquetschen und entstielen. Von dort wird die Masse in große Zementbehälter gepumpt, die erst nach zwei Tagen bis oben hin gefüllt sind. Während dieser Zeit hält man den Most kühl, um eine vorzeitige Gärung zu verhindern. Erst wenn der Behälter gefüllt ist, wird er verschlossen. Nach kurzer Zeit entwickelt sich genügend Wärme darin, die die Gärung auslöst. Wenn der Zucker in der Masse zur Hälfte vergoren ist, das heißt, wenn der Wein einen Alkoholgehalt von 8% erreicht hat, wird er aus den Behältern in die bereitgestellten Fässer geleitet. Hier gärt der Most bis zum gewünschten Augenblick. Dann wird ihm eine bestimmte Menge Weinbrand zugegeben – etwa ein Fünftel seines Volumens –, der die Gärung unterbricht. Der hohe Alkoholgehalt von etwa 20% verhindert eine Nachgärung und steigert außerdem die Haltbarkeit und Lagerfähigkeit. Dieses Verfahren macht eine längere Faßlagerung notwendig, da die Mischung aus Wein und Weinbrand nur langsam einen harmonischen Geschmack entwickelt. Dafür werden die Portweine nach Vila Nova de Gaia gebracht. Das der Stadt Porto gegenüberliegende Vila Nova de Gaia hat mit dem Portwein deshalb soviel zu tun, weil hier das „Entreposto de Gaia" liegt – das Gebiet, in dem die Portwein-Häuser ihre Kellereien haben. Im Entrepôt von Gaia altert der Wein, bis er die Vollkommenheit erreicht hat, der er seinen Ruhm verdankt. Alle Portwein-Firmen – zur Zeit sind es zirka 60 – besitzen dort ihre Lager. Es gibt verschiedene

Portwein-Typen: Die im Faß gealterten Weine sind im allgemeinen Verschnittweine, das heißt: verschiedene Lagen, Jahrgänge und Rebsorten werden in harmonischer Abstimmung miteinander verschnitten, bis die alteingeführten Marken und Typen entstehen. Datum und Geburtsjahr des Weines werden normalerweise auf dem Etikett nicht mit angegeben. Die in der Flasche gealterten Weine stammen im allgemeinen von einer einzigen Ernte. Hier nun die wichtigsten Portwein-Sorten:

White (weiß): aus weißen Trauben produziert, im Faß gealtert. Diese Portweine können süß oder trocken sein. Heute werden mehr die trockenen Portweine bevorzugt. Sie werden besonders gern als Aperitif getrunken.

Red (rot) und *Ruby* (rubinrot): Diese Portweine sind im allgemeinen jung und süß, körperreich und fruchtig. Rote Portweine sind als Dessertweine zu empfehlen.

Tawny (lohfarben): Im Faß gealtert, ist dieser Portwein fast immer älter und heller als der Ruby-Port. Er ist halbtrocken oder süß und kann die beste Qualität erreichen. Er ist ein großer Dessertwein und der vielfältigste Portwein.

Portweine mit Altersangabe: Diese Portweine sind im allgemeinen Tawnys von sehr guter Qualität, die auf dem Etikett – nachdem sie sich einer besonderen Prüfung durch das Portweininstitut unterworfen haben – das Abfülldatum ausweisen.

Portweine mit Datum der Ernte (Colheita): Diese Portweine stammen aus einer einzigen Ernte von guter Qualität. Sie sind mindestens 7 Jahre im Faß gealtert. Diesen Portweinen räumt das Portweininstitut das Recht ein, das entsprechende Datum der Ernte zu tragen. Das Etikett muß außerdem das Abfülljahr und den Hinweis, daß dieser Wein im Faß gealtert ist, ausweisen. Zu diesem Portwein-Typ gehören unter anderen die „Garrafeira-Weine". Hierbei handelt es sich um Weine, die – lange bevor sie verkauft werden – bereits abgefüllt wurden.

Vintage: ein Jahrgangsportwein aus einem einzigen, außergewöhnlich guten Weinjahr mit sehr feinem Bouquet und von tiefdunkelroter Farbe. Sie werden etwa zwischen dem zweiten und dritten Jahr abgefüllt und altern dann in der Flasche.

Vintage Character: Portweine mit dieser Bezeichnung sind keine „echten" Vintage Ports. Sie werden wie Vintage früh auf Flaschen gefüllt, tragen jedoch keine Jahrgangsangabe.

Late Bottled Vintage (L. B. V.): Diese Portweine stammen aus einem guten Jahrgang, der die Qualität eines Vintage aufweist, aber länger im Faß lagert als der klassische Vintage, ehe er auf Flaschen abgezogen wird. Er wird etwa zwischen dem vierten und sechsten Jahr abgefüllt und trägt auf dem Etikett das Erntejahr, Abfülldatum und die Bezeichnung „Late Bottled Vintage" oder „L. B. V.".

Crusted Ports: Das sind verschnittene Weine verschiedener Jahrgänge. Sie reifen in Flaschen, nachdem sie 4 bis 5 Jahre in Fässern gelagert haben. Während der Faßreife bildet der Wein eine hauchdünne „Kruste", die bei der Flaschenabfüllung entfernt wird. Weil Wein im Holz schneller altert als in der Flasche, erreichen die Crusted Ports ihre Reife eher als Vintage Ports.

Der Alkoholgehalt aller Portwein-Sorten beträgt in der Regel 19 bis 20 %vol.

RUM

Ausgangsprodukt für Rum ist das Zuckerrohr. Das Zuckerrohr liebt die heiße Tropensonne, und die scheint in der Urheimat des Rums – der Karibik – reichlich. Christoph Kolumbus brachte auf seiner zweiten Fahrt im Jahre 1494 Zuckerrohrpflanzen mit nach Westindien und legte damit den Grundstein für ein köstliches Getränk.

Von Santo Domingo ausgehend breitete sich der Zuckerrohranbau schnell über die gesamte Karibik und den Nordwesten Südamerikas aus. Europäische Siedler stellten um 1630 erstmals Rum her. Hauptumschlagsort und Produktionsgebiet war zu dieser Zeit die Insel Jamaika, die bis heute für ihren exzellenten Rum bekannt ist.

Bei der Rohrzuckerfabrikation wird der Zuckerrohrsaft ausgepreßt und eingekocht, bis sich in der konzentrierten Lösung der Zucker in Kristallen ausscheidet. Was übrigbleibt, ist ein dickflüssiger, dunkler Sirup, die Melasse. Sie ist die Basis für die Destillation. Bei der Lagerung in Holzfässern entzieht der Rum dem Holz Geschmacksstoffe und erhält dabei eine goldgelbe Tönung.

Im Gegensatz dazu wird weißer Rum nur kurzzeitig in vorbehandelten Holzfässern, die keine Farbe abgeben, oder unter Sauerstoffzufuhr in Stahltanks gelagert. Die Mindestlagerzeit für leichten Rum liegt zwischen 3 und 6 Monaten. Schwere Sorten dagegen brauchen manchmal Jahre zur Reife.

In Deutschland wird bei Rum zwischen Original-Rum und echtem Rum unterschieden. Original-Rum wird nach der Einfuhr nicht mehr verändert. Echter Rum dagegen ist ein Original-Rum, der nach der Einfuhr auf Trinkstärke herabgesetzt wurde. Eine dritte – spezifisch deutsche – Rum-Qualität ist der Rum-Verschnitt. Er ist eine Mischung aus Original-Rum, neutralem Alkohol und Wasser.

Der Rum-Anteil am Gesamtalkoholgehalt muß beim Rum-Verschnitt mindestens 5 % betragen. Für alle Rum-Qualitäten gilt in Deutschland und der EU ein Mindestalkoholgehalt von 37,5 %vol.

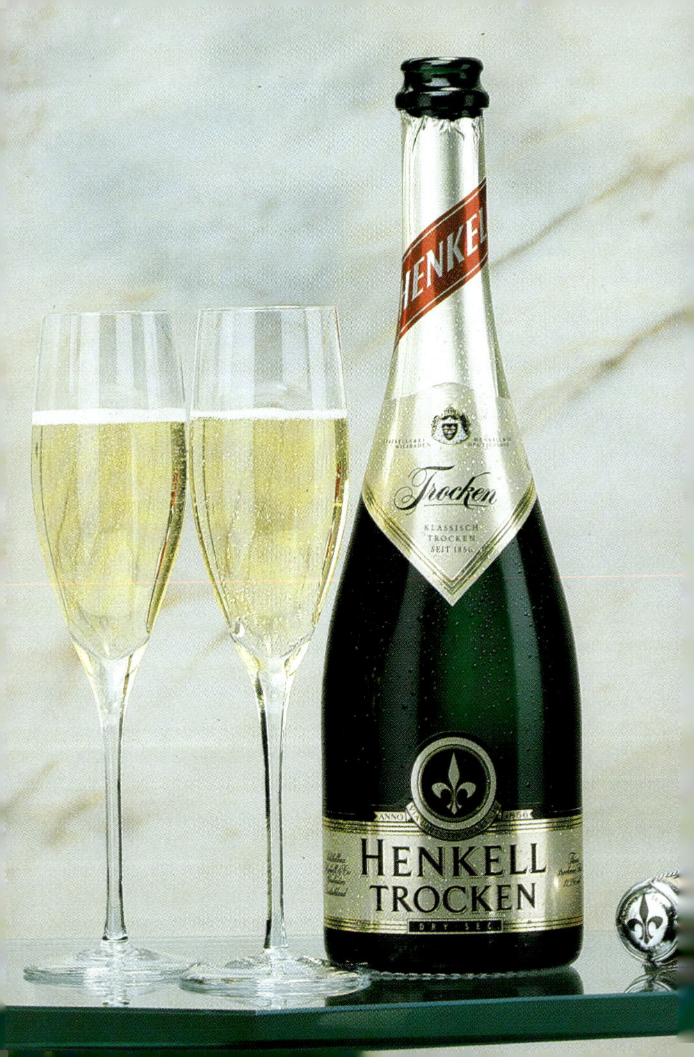
HENKEL
Trocken
KLASSISCH
TROCKEN
SEIT 1856
ANNO
HENKELL
TROCKEN
DRY · SEC

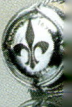

DEUTSCHER SEKT

Seinen Ursprung hat der schäumende Wein in Frankreich. Dort wurde mit dem „Blanquette de Limoux" 1544 erstmals ein schäumender Wein erwähnt. Fast 200 Jahre später begann die Entwicklung des Champagners. Dabei hatten auch Deutsche einen entscheidenden Einfluß. Viele der heute weltbekannten Champagner-Häuser (z. B. Deutz, Krug, Bollinger, Mumm, Heidsieck) wurden von Deutschen gegründet oder zur damaligen Zeit geleitet. Die älteste Champagner-Firma besteht seit 1729 (Ruinart), die erste deutsche Sektkellerei öffnete 100 Jahre später (1826 – Kessler in Esslingen) ihre Tore. Von da an stieg die Produktion unaufhaltsam an. In der Mitte des 19. Jahrhunderts zählte man 43 Schaumweinerzeuger, um 1880 waren es schon rund 100 Sektkellereien. Die schäumenden Weine deutscher Hersteller ließen sich durchaus mit dem „echten Champagner" vergleichen, und sie wurden bis 1919 auch so benannt. Der deutsche Schaumwein verdankt seinen Namen „Sekt" dem deutschen Schauspieler Ludwig Devrient (1784 – 1832), der an einem Abend im Jahre 1825 in seinem Stammlokal aus Shakespeares „Heinrich IV." zitierte: „Bring' er mit Sect, Schurke! Ist keine Tugend mehr auf Erden." Zu seiner Zeit war dieses Wort eigentlich für den spanischen Sherrywein (Vino Seco) gebräuchlich, doch jeder wußte, daß Devrient damit Champagner meinte. Obwohl das Wort „Sekt" damit in aller Munde war, wurde es erst 1925 per Gesetz verankert.

Die deutschen Sekthersteller hatten stark unter den Kriegen und ihren Folgen zu leiden. Auch die 1902 von Kaiser Wilhelm II. zur Finanzierung der kaiserlichen Flotte eingeführte Sektsteuer belastete einseitig die Sektproduzenten. Der Aufschwung begann erst wieder nach dem Zweiten Weltkrieg. Neue Techniken bei der Herstellung und das „Wirtschaftswunder" sorgten für eine rasante Steigerung. Die Sektproduktion in Deutschland beträgt rund 480 Millionen Flaschen (1998) pro

Jahr. Konsumiert wurden abzüglich der Exporte rund 450 Millionen Flaschen Sekt aus einheimischer Produktion. Zusätzlich wurden 100 Millionen Flaschen (Champagner, Vin Mousseux, Cava usw.) importiert. Bis Ende des Ersten Weltkriegs bezeichnete man Sekt in Deutschland meistens als Champagner. Mit dem Versailler Vertrag wurde dies den deutschen Herstellern verboten. Daneben gab es aber immer schon die Zweitbezeichnung „Schaumwein". Endgültig neu geregelt wurden die Bezeichnungen mit dem neuen Weingesetz von 1971. Man schuf den Begriff „Qualitätsschaumwein", der mit dem „Sekt" identisch ist. Daneben gibt es noch den Begriff „Schaumwein".

Während dieser keine besonderen Qualitätsmerkmale erfüllen muß, werden an den Qualitätsschaumwein höhere Anforderungen gestellt. Er muß nachfolgende Kriterien erfüllen:

– einen Mindestalkoholgehalt von 10 %vol
– einen Druck von mindestens 3,5 Bar
– einen Höchstschwefelgehalt von 185 mg/l
– eine Mindestlagerzeit von Beginn der Gärung bis zum Verlassen der Kellerei
bei Tankgärsekt: 6 Monate – davon 21 Tage auf der Hefe
bei Flaschengärsekt: 9 Monate – davon 60 Tage auf der Hefe
bei traditioneller Flaschengärung 9 Monate – davon 9 Monate auf der Hefe – er muß einer Prüfkommission vorgestellt werden und erhält die amtliche Prüfnummer nur, wenn er geschmacklich keine Fehler hat und bei maximal 20 Wertungspunkten mit mindestens 12 Punkten bewertet wird.

Diese Regelung gilt nur für die in Deutschland hergestellten Sekte. Ausländische Schaumweine dürfen aber ebenfalls als Sekt bezeichnet werden, wenn sie dort ähnlichen Prüfverfahren unterworfen werden und die gleiche Qualität aufweisen. Des weiteren gibt es Jahrgangssekte. Diese müssen zu mindestens 85% aus Weinen des angegebenen Jahrgangs bestehen. Bei geographischen Angaben, wie z. B. Rheingau, müssen 100% der Weine aus dieser Region stammen. Bei Angaben von Lagen, Bereichen oder Orten mindestens 85%. Am Anfang der Sektherstellung stehen die Grundweine. In der Regel werden äußerst frische, elegante und säurebetonte Weine mit viel Körper und guten Alterungsfähigkeiten verwendet. Selbstverständlich kann man Sekte auch aus nur einer Rebsorte bereiten, die dann deren typisches Aroma tragen. Bei der Sektherstellung kennt man heute mehrere Verfahren. Die Weine – aus denen die Cuvée zusammengestellt wurde – haben bereits eine Gärung hinter sich. Zur Einleitung der zweiten Gärung erhalten sie dann die „Fülldosage", das ist in Wein gelöster Kristallzucker und Reinhefe. Hier trennen sich dann die verschiedenen Wege der Sektbereitung. Das älteste Verfahren ist die „Méthode champenoise". Laut EU-Entscheidung ist diese Bezeichnung seit 1. 9. 1994 dem Champagner vorbehalten. Sie wird ersetzt mit „Klassischer" oder „Traditioneller Flaschengärung" (siehe Champagner S. 199).

Ein weiteres Verfahren der Flaschengärung ist das Transvasierverfahren. Bei dieser Methode vollzieht sich wie bei der traditionellen Flaschengärung die Gärung und Reifung auch auf der Flasche. Es ent-

fällt allerdings der Rüttelprozeß und die manuelle Enthefung. Nach Beendigung des Reifelagers werden die Flaschen geöffnet und in einen unter Gegendruck stehenden Behälter entleert. Dann werden die Hefebestandteile über Filter abgeschieden, die „Versanddosage" zugegeben, der Sekt auf Flaschen gefüllt und nochmals gelagert. Die dritte Methode ist die Großraumgärung. Der Großraumbehälter mit einem Fassungsvermögen von 200 000 l und mehr ist nichts anderes als eine große Gärflasche, in der durch die zweite Gärung ein großes Volumen mit ausgewogener homogener Qualität entsteht. Nach Abschluß des Reifelagers wird auch bei diesem Verfahren unter Gegendruck über Filter die Hefe abgeschieden, dosiert und der Sekt auf Flaschen gefüllt. Entscheidend für den Süßegrad ist die Versanddosage, der die Aufgabe zufällt, dem nach der zweiten Gärung sehr trockenen, herben Sekt unseren Geschmacksvorstellungen anzugleichen. Die Bezeichnungen und Angaben entsprechen denen der Champagne (siehe Champagner S. 199).

ITALIENISCHER SEKT ASTI UND PROSECCO

Wenn man von Spumante spricht, denkt man an „Asti", den berühmten Qualitätsschaumwein aus dem Piemont. Der Unterschied zu Vino Spumante liegt in der Traubensorte und der Herstellung. Für den Asti Spumante ist nur eine einzige Traubensorte zugelassen: die weiße Muskatellerrebe (Moscato). Sie muß aus den Piemonteser Provinzen Asti, Cuneo oder Alessandria stammen. Im Unterschied zu Sekt und Champagner stammt die Süße des Asti vom Most. Dieser wird gleich nach dem Pressen zum Gären in Drucktanks gefüllt, bekommt seinen Hefezusatz und gärt dort nur einmal. Die Kunst der Herstellung ist es, den Gärprozeß im richtigen Moment zu unterbrechen. Dann nämlich, wenn etwa 7 % Alkohol und etwa 90 g/l Restzucker erreicht sind. Asti trinkt man sehr kühl, mit etwa 5 bis 8 °C und aus breiten Gläsern oder Schalen.

Daneben gibt es eine große Anzahl trockener Weine, die man versektet. Diese werden in allen wichtigen Weinbauregionen Italiens erzeugt. Hauptsächlich Trauben aus der Pinot-Familie und Chardonnay werden verwendet. Sie werden zum Teil lieblich (Secco/Semi-Secco), meist aber Brut angeboten.

Seit Beginn des 19. Jahrhunderts ist die Rebsorte Prosecco bekannt. Sie ist weiß und wird hauptsächlich nördlich von Venedig angebaut.

Nur den Weinen, die aus dem rund 3000 ha großen Weinbaugebiet um die Ortschaften Conegliano und Valdobbiadene stammen, steht die Ursprungsbezeichnung D.O.C. zu. 90% aller Prosecco-Weine werden nach dem Tankgärverfahren zu Schaumwein (Spumante) oder Perlwein (Frizzante – kürzere Gärzeit und dadurch weniger Kohlensäure und sektsteuerfrei) verarbeitet. Der Rest wird als Stillwein angeboten.

SPANISCHER SEKT CAVA

Seit den 60er Jahren des vorigen Jahrhunderts gibt es spanischen Schaumwein. 1862 begann man mit den ersten Versuchen, und 1872 startete José Raventós (Codorníu) mit der Produktion schäumender Weine. Über 90% der Cava-Produktion entsteht im Penedès, der hügeligen Landschaft 40 km südwestlich von Barcelona. Das Penedès bietet dank seiner milden Mittelmeerlage und seiner unterschiedlichen Höhenlagen eine Reihe klimatischer Vorteile für den Anbau der weißen Cava-Grundsorten. In der Regel besteht Cava aus den drei traditionellen Sorten Xarel-lo, Macabeo und Parellada. Seit 1986 ist nun Chardonnay zugelassen, und vereinzelt wird auch Pinot Noir angebaut. Für Rosado-Cavas sind es Garnacha und Monastrell. Die drei traditionellen Sorten haben typische Eigenschaften, die stark den Charakter der Cavas prägen. Bei der Cava-Herstellung ist nur die traditionelle Flaschengärung erlaubt, und der gesamte Cava-Werdegang unterliegt strengen Vorschriften. Der Ertrag ist bei weißen Trauben auf 12000 und bei roten auf 8000 kg/ha begrenzt. Aus 150 kg Trauben dürfen nicht mehr als 100 l Saft gepreßt werden. Zumindest für die besseren Cavas wird nur die erste Pressung verwendet. Die Weine werden getrennt ausgebaut, und die Cuvée entsteht erst vor der Abfüllung in Flaschen zur zweiten Gärung. Ab diesem Zeitpunkt gleicht die Herstellung des Cava dem des Champagners. Die Flaschengärzeit beträgt mindestens 9 Monate, bei Jahrgangsangabe 2 Jahre. Bei Spitzenmarken werden 3 bis 4 Jahre als optimal angesehen.

Die Geschmacksangaben entsprechen denen bei Sekt und Champagner. Pro Jahr werden etwa 150 Mio. Flaschen Cava produziert.

ÖSTERREICHISCHER SEKT

Auch Österreich zählt zu den Sekt-Erzeugerländern mit einer relativ großen Markenvielfalt. Rund 50 Hersteller, darunter die großen deutschen Sekthäuser, produzieren in Österreich.

Der Großteil der Marken wird von Klein- und Kleinsterzeugern hergestellt. Diese begannen zumeist erst in den letzten 10 Jahren mit der Sektproduktion, als auch in Österreich die Nachfrage stieg.

Führend ist die auch in Deutschland bestens bekannte Spitzenmarke Schlumberger. Auf Schlumberger geht auch die Geschichte des österreichischen Sektes zurück, denn er war der erste Sektproduzent Österreichs. Nach Deutschland, wo Kessler 1826 als erster außerhalb Frankreichs schäumenden Wein erzeugte, machte Schlumberger 1842 Österreich zum dritten schaumweinproduzierenden Land. Die Grundweine für Österreichs Sekt kommen vornehmlich aus dem Land selbst. Die beliebteste Sorte für die Versektung ist der Welschriesling. Doch auch die Sorten Grüner Veltliner, Weißburgunder, Neuburger und Rheinriesling besitzen die spezifisch geeignete Weinqualität für die Verarbeitung zum Sekt.

Die Produktion an österreichischem Sekt beträgt etwa 20 Mio. Flaschen. Davon entfallen etwa 3 Mio. allein auf Schlumberger. Schlumberger und Mounier sind auch die beiden einzigen, die im großen Stil nach Deutschland exportiert werden. Österreich ist kein Land der Billigsekte, da Sekt noch mehr als Wein steuerlich belastet ist.

Der Aufschlag beträgt je 10% Getränke- und Alkoholsteuer, 18 Schilling (rund DM 2,50) Sektsteuer pro $1/1$ Flasche, und auf alles zu guter Letzt noch 20% Umsatzsteuer. Das verhindert in einem Weinland natürlich das Perlen im Glase.

INTERNATIONALER SEKT

Die Weinbauländer der Alten Welt sind schon längst nicht mehr unter sich. Außer den großen Schaumwein-Herstellerländern Deutschland, Italien, Spanien und der französischen Champagner-Region gibt es weitere, zum Teil große Erzeugerstaaten. Altbekannt ist dabei der Krimsekt. Die Ukraine mit der Krim zählt zu den Giganten unter den Schaumweinerzeugern. Der exportierte Krimsekt wird ausschließlich nach dem traditionellen Flaschengärverfahren hergestellt. Eine Lagerdauer von 3 Jahren ist dabei vorgeschrieben. Am bekanntesten ist bei uns der rote Krimsekt, der allerdings für unsere Begriffe sehr süß ist. Krimsekt wird aber in großem Umfang auch weiß in den Geschmacksrichtungen Brut bis Halbtrocken angeboten.

Neben dem Champagner sind eine große Anzahl französischer Sekte auf dem Markt. Altbekannt ist die Appellation „Blanquette de Limoux" aus der Stadt Limoux im Roussillon, wo 1544 erstmals ein schäumender Wein hergestellt wurde. Die AC-Namen „Crémant de Bourgogne" und „Crémant d'Alsace" wurden 1975 bzw. 1976 eingeführt. Crémant stand dabei nicht – wie in der Champagne – für einen Wein mit wenig Kohlensäure, sondern für die Herstellung durch Flaschengärung. Im Burgund werden hauptsächlich die Traubensorten Pinot Noir, Pinot Blanc, Chardonnay und Aligoté verwendet. Im Elsaß sind die wichtigsten Pinot Noir, Pinot Blanc, Pinot Gris, Riesling, Auxerrois und stetig wachsend der Chardonnay. Seit langem gibt es an der Loire die Appellationen der Dörfer „Vouvray", „Saumur" und „Anjou", seit 1976 auch die „Crémant de Loire". Die Hauptrebensorte ist Chenin Blanc. Große Bedeutung haben seit den 80er Jahren die Schaumweine Kaliforniens erlangt, die ebenso wie die Weine ausgezeichnete Qualitäten hervorbringen. Aus der südlichen Hemisphäre kommen seit einigen Jahren Schaumweine aus Südafrika und Australien zu uns. Vor allem am Kap ist die Schaumweinerzeugung weit fortgeschritten.

SHERRY

Die Heimat des Sherry ist Andalusien im Südwesten Spaniens. Nur in einem engbegrenzten Anbaugebiet um das Städtedreieck Jerez de la Frontera, Sanlúcar de Barrameda und Puerto de Santa María in der Provinz Cádiz wird Sherry hergestellt.

Die Geschichte dieses außergewöhnlichen Weines ist eng verbunden mit der bewegten Vergangenheit der Stadt Jerez de la Frontera. Bereits die Griechen fanden in diesem Gebiet Weingärten vor. Sie gründeten auch die Stadt Jerez, das Zentrum der Sherry-Kultur, unter dem Namen „Xera“. Es folgten Jahrhunderte wechselnder Fremdherrschaft: Karthager, Römer, Westgoten und schließlich die Mauren prägten das Land.

Stets änderte sich der Name der Stadt Jerez: Xera wurde zu Ceret, später zu Serit, Sherish und Xérès, schließlich zu Jerez. Seinen endgültigen Namen verdankt der Sherry den Engländern. Sie konnten das harte spanische „Jerez“ kaum aussprechen. So entstand das weicher klingende Wort „Sherry“. Glühende Sommersonne, bis zu 40 Grad Wärme, frischer Wind vom Atlantik und milder Winterregen geben den Trauben ihren unvergleichlichen Charakter. Allein hier gibt es den berühmten weißen Kalkboden, der aus einer Sherry-Rebsorte auch Sherry werden läßt. Hier gedeihen die Sherry-Rebsorten: Palomino, die wichtigste, Albillo, Perruno, Mantúo Castellano und Pedro Ximénez. Sherry ist ein Weißwein, alle Trauben sind hell, manche haben einen goldgrünen oder leicht rötlichen Schimmer.

Sherry-Weine gedeihen nicht in tiefen Weinkellern. Denn eines der Geheimnisse der Sherry-Produktion heißt: „Sauerstoff“. Deshalb lagert der Wein oberirdisch in hohen, kirchenschiffähnlichen Gewölben, den Bodegas, durch die immer ein leichter Wind streicht. In Farbe und Aroma des Jungweins erkennt man, wie der Sherry sich voraussichtlich entwickeln wird.

Nach der Klassifizierung wird dem Jungwein reiner Weinalkohol zugegeben. Dann beginnt die eigentliche Reifung des Sherrys. Sie erstreckt sich über Jahre. Zwei Reifeverfahren sind möglich: das Anadasystem (von Ano = Jahr) und das Solerasystem (von Suelo = Boden). Das Anadasystem ist ein inzwischen veraltetes Verfahren, bei dem der Wein eines Jahrganges in seinem Faß altert und reift.

Heute bauen die Sherry-Hersteller den Wein im Solerasystem aus. Dieses höchst kunstvolle Verfahren beruht auf jahrhundertealter Überlieferung. In übereinandergelagerten Eichenfässern reift jeweils Sherry gleichen Typs, jedoch in unterschiedlichem Reifestadium. In den unteren Faßreihen lagert der älteste Sherry, ganz oben der jüngste. Pro Jahr entnimmt man der untersten Lage etwa ein Drittel bis höchstens die Hälfte Sherry für den Verbrauch. Diese Menge wird aus der darüberliegenden Lage ersetzt. Auf diese Weise mischen sich kontinuierlich jüngere Weine mit älteren, so daß Typ und Art des fertigen Sherrys stets gleich bleiben. Sherry ist nicht gleich Sherry. Fünf Grundtypen lassen sich unterscheiden: Manzanilla, Fino, Amontillado, Oloroso und Cream-Sherry. Innerhalb dieser fünf Sherry-Grundtypen gibt es viele Variationen. Sie entstehen durch die Vielfalt im Solera-System. Als Faustregel gilt: Je trockener ein Sherry, desto heller der Farbton – je süßer, desto dunkler. Ausnahmen bestätigen auch hier die Regel: In Spanien sind auch Amontillado und Oloroso trockene Weine.

Die Sherry-Typen:

Fino: ein strohgelber bis hellgoldener Wein aus Jerez oder Puerto de Santa María; leicht, trocken, mit geringer Säure und einem delikaten Aroma, das an Mandeln erinnert.

Manzanilla: eigentlich ein Fino, der aber aus nicht ganz vollreifen Trauben hergestellt und im besonderen Klima von Sanlúcar de Barrameda an der Atlantikküste ausgebaut wird; von fast wasserheller Farbe, sehr leicht im Geschmack, mit bestechend frisch-herbem Aroma, sehr trocken und etwas säurereicher als andere Sherrys.

Manzanilla Pasada: alter Manzanilla, der sich durch Abbau der Florschicht in Richtung Amontillado entwickelt hat; körperreicher als junger Manzanilla und meist etwas alkoholreicher.

Amontillado: „ein Mittelding" zwischen Fino und Oloroso, genaugenommen ein alter Fino, der zuerst als solcher unter Flor, danach ohne Flor wie ein Oloroso reift; der komplexeste aller Sherrys, bernsteinfarben, mit deutlichem Nußaroma, weich, vollmundig, im Original trocken, für den Export oft etwas süßlich.

Palo Cortado: sehr seltener Sherry, eine Zwischenstufe zwischen Amontillado und Oloroso.

Oloroso: übersetzt – der Wohlriechende, rotgoldener bis mahagonifarbener Sherry mit vollem, nußartigem Aroma, körperreich, vollmundig und weinig; ursprünglich trocken, heute meist halbtrocken bis süß.

Cream: Oloroso, dem Süßwein aus Pedro Ximénez oder Moscateltrauben zugesetzt wird.

Pale Cream: Mischung aus Fino und hellem Süßwein.

Pedro Ximénez: Süßwein aus der gleichnamigen Sherrytraube, der selten als eigenständiger Sherry angeboten wird.

Zuverlässige Orientierung bietet das Flaschenetikett. Es informiert über Marke, Alkoholgehalt, Hersteller und in erster Linie natürlich über die Geschmacksrichtung. Da Sherry eine fast unbegrenzte Palette an geschmacklichen und farblichen Nuancen bietet, verwenden die Sherry-Hersteller manchmal auch andere Bezeichnungen als Fino, Amontillado, Oloroso oder Cream. Statt dessen wird der trockene Fino auch als „very dry pale" oder „very dry" angeboten. Der halbtrockene Amontillado wird oft als „medium dry" oder „medium" gekennzeichnet. Sherry gibt es für jeden Geschmack. Die trockenen Sorten eignen sich besonders als Aperitif, die Halbtrockenen trinkt man tagsüber zwischen den Mahlzeiten, zu Nüssen und Knabbergebäck, Cream Sherry paßt am besten zum Dessert, zu Gebäck und Kaffee. Je trockener – desto kälter soll Sherry getrunken werden. Bei Medium Sherry empfiehlt sich eine nur leichte Kühlung. Halbsüßen und Cream Sherry genießt man mit Zimmertemperatur. Der Alkoholgehalt beträgt je nach Sorte 15,5 bis 20 %vol.

SIRUP

Sirupe erfüllen seit jeher eine wichtige Funktion beim Mixen. Sie süßen und aromatisieren, und manchen Sorten verdankt man interessante Farben. Sirupe sind konzentrierte, dickflüssige Lösungen von Zucker in Wasser (Zuckersirup) oder von Zucker in Fruchtsäften oder Pflanzenauszügen. Sie harmonieren mit Fruchtsäften, Limonaden, Milch und Spirituosen in unzähligen Rezepten. Bis in die 70er Jahre wurde zum Mixen der klassischen Rezepturen lediglich Zuckersirup, Grenadine und vereinzelt Lime Juice (Limonensirup) benötigt. Da Sirupe in der heutigen Sortenvielfalt nicht vorhanden waren, blieb auch das Mixgetränkeangebot auf die Klassiker beschränkt. Erst die Einführung der neuartigen Sirupe führte zum heutigen Angebot an tropischen Drinks und auch alkoholfreien Mixgetränken. Mehrere Produzenten bieten heute ein umfangreiches Sortiment an. Neben dem Zuckersirup und der Grenadine sind Kokos, Mandel, Maracuja, Banane, Erdbeere, Lime Juice und Curaçao Blue die wichtigsten Sorten. Etwas Verwirrung schafft die international gebräuchliche Bezeichnung für Mandelsirup. Dieser wird in Frankreich und den USA mit dem Namen Orgeat, in Italien als Orzata (Latte di Mandorla) angeboten. Neben den Sirupen soll auch die Cream of Coconut nicht unerwähnt bleiben. Coco Tara – Cream of Coconut wird seit Mitte der 70er Jahre angeboten und erlaubte erstmals die Zubereitung von Mixgetränken auf Kokosnußbasis. Den immer noch wichtigen Zuckersirup kann man auch selbst herstellen. Dazu gibt man 1 kg Streuzucker in einen Liter kochendes Wasser und rührt, bis sich der Zucker vollständig aufgelöst hat. Angebrochene Sirupe sind auf Grund ihres Zuckergehalts monatelang haltbar. Man sollte sie verschlossen und kühl aufbewahren.

SÜDWEIN

Madeira

Die berühmte Insel liefert dem Weltmarkt jährlich rund 4 Mio. Liter Wein. Die klassischen Sorten:

Sercial ist der trockenste Madeira, jedoch nicht so herb wie z. B. ein Fino Sherry, dafür aber kräftiger.

Verdelho: Diese Rebsorte bringt einen halbtrockenen, goldenen bis roséfarbigen, feurigen Wein. Alle Verdelhos zeichnen sich durch eine ganz spezielle fruchtige Würze aus.

Malmsey ist der wichtigste, körperreichste und süßeste Madeirawein, tief bernsteinfarben, bukettreich, üppig mit voller Süße und einem leichten Honigaroma.

Bual: Nicht zu herb und nicht zu süß ist der Bual der typische Madeirawein. Er ist leichter als der Malmsey, aber auch ein Dessertwein von großer Klasse.

Alte Madeiras können sich im Laufe der Jahre zu ungewöhnlicher Qualität steigern. Sie werden beim Altern stärker und konzentrierter, manchmal auch dunkler. Der Alkoholgehalt der meisten Madeiras liegt zwischen 17,5 und 21 %vol.

Pineau des Charentes

Pineau des Charentes ist der einzige Likörwein Frankreichs mit Appellation Contrôlée. Er wird aus frischem Traubenmost und Cognac hergestellt. Der Alkoholgehalt liegt zwischen 15 und 22 %vol.

Samos

Auf der Insel Samos wird der berühmte Muskatwein hergestellt. Samos wird in mehreren Qualitätsstufen angeboten und darf nur auf der Insel Samos hergestellt werden.

Malaga

Zur Herstellung der süßen, gelegentlich aber auch trockenen Malagaweine bedient man sich verschiedener Methoden. Die Art der Endprodukte liegt zwischen trockenem Weißwein und dem dunklen, schweren Dulce Color.

Marsala

Der sizilianischen Marsala wird mit Ausnahme des Marsala Vergine mit eingedicktem, erhitztem Most oder mit süßem Wein und Alkohol oder beidem versetzt. Er wird dann auf vier verschiedene Arten weiterverarbeitet.

TEQUILA

Ende des 18. Jahrhunderts wurde der in der damals kleinen Stadt Tequila hergestellte Mezcal durch seine Qualität bekannt. Man entdeckte, daß der in Tequila hergestellte Mezcal von einer einzigen Maguey-Art stammte. Die Agave „Tequilana Weber", die einzige Art, aus der der Mezcal von Tequila destilliert wurde, wuchs ausschließlich im Umkreis der Stadt und in benachbarten Gebieten. Heute sind die Gebiete, in denen die Tequilana Weber angebaut wird, gesetzlich festgelegt. Es sind die Provinzen Jalisco, in der die Stadt Tequila liegt, sowie Guanajuato, Michoacán, Nayarit und Tamaulipas. Alles andere, was aus Agaven in anderen Regionen destilliert wird, ist Mezcal. Dieser unterliegt nicht den für Tequila geltenden Qualitätsvorschriften. Die weißen und braunen Sorten unterscheiden sich erheblich. Während die weißen kurz nach der Destillation abgefüllt

werden und dadurch ihre Klarheit und den frischen Geschmack behalten, entsteht beim „Anejo" durch die 1- bis 4jährige Eichenholzfaßlagerung ein schweres, fast rauchiges Aroma. Die Mexikaner trinken Tequila am liebsten pur. Auf traditionelle Art wird dabei eine Prise Salz auf die Fläche zwischen Daumen und Zeigefinger gestreut und mit der Zunge aufgenommen. Danach kommt ein kräftiger Schluck gekühlter Tequila und der Biß in ein Stück Zitrone. Tequila wie auch Mezcal und Pulque sind die Nationalgetränke Mexikos. Über Jahrhunderte waren sie nur in Mexiko selbst von Bedeutung. Um 1970 begann dann der Siegeszug des Tequila. Zuerst im benachbarten Kalifornien, dann in den gesamten USA und auch in Europa setzte ein unglaublicher Tequila-Boom ein. Außer zum Pur-Genuß eignet sich Tequila hervorragend zum Mixen.

WEIN-APERITIF

Unter den Wein-Aperitifs ist der Vermouth die bekannteste und mengenmäßig größte Gruppe. Auf Weinbasis werden jedoch – besonders in Frankreich – international bekannte Wein-Aperitifs hergestellt. Eines ist allen gemein: die Aromatisierung mit Kräutern und Gewürzen und das Ausgangsprodukt, der Wein. Mit Wermutkraut versetzte Weine waren schon im Altertum bekannt. Der Name Wermut stammt aus dem Althochdeutschen „Vermuota" – „Weramote". „Wermuot Win" war ein mit Wermut angesetzter Wein. Die heutige Schreibweise „Vermouth" ist italienischen und französischen Produkten vorbehalten.

Die ursprüngliche Produktionsstätte dürfte südlich von Turin in der Provinz Piemont liegen. Hier läßt sich die Herstellung aromatisierter Weine bis ins 16. Jahrhundert zurückverfolgen. Der „Vino Vermouth di Torino" ist heute führend und charakteristisch für einen ganz bestimmten Vermouth-Typ. Er hat im Weltumsatz die führende Stellung, die ihm bisher selbst von der stärksten, der französischen Konkurrenz nicht streitig gemacht werden konnte. Der „Torino" mit den hauptsächlichen Sorten Rosso, der rubinrot leuchtend sein sollte, Bianco, grünlichweiß und süßherb, und „Dry" als trockener, d. h. herber, kaum Restzucker enthaltender Geschmackstyp, hat so charakteristische Merkmale, daß seine Ursprungsbezeichnung international geschützt wurde. Zu diesen drei Geschmacksrichtungen kam in den 80er Jahren noch der Rosé. Bei der Herstellung von Vermouth sind vier Hauptarbeitsgänge erforderlich: die Zusammenstellung des Ausgangsweins, die Herstellung des Kräuterauszugs und die Aromatisierung des Weins, die Schönung und Filtration sowie Stabilisierung des Vermouthweins und die Lagerung des Fertigprodukts bis zur Abfüllreife. Den Vermouths ähnlich sind die französischen „Apéritifs à Base de Vin". Diese werden aus Wein, Mistellen, Alkohol und Gewürzauszügen hergestellt. Weltbekannt sind darunter die Marken Dubonnet und St. Raphaël.

WEINBRAND

Der gebrannte Wein hat unter den Spirituosen Europas die älteste Geschichte. Um 1100 datieren Urkunden aus Italien, und schon ein deutschsprachiges Dokument von 1321 enthält Hinweise auf gebrannten Wein. Ab dem 17. Jahrhundert machte sich Frankreich einen Namen als das Land, in dem große Mengen „Eau-de-vie de vin" hergestellt wurden. Später wurde die Stadt Cognac zum Inbegriff und ihr Name zur Gattungsbezeichnung. Das Wort Weinbrand geht auf Hugo Asbach zurück, der seinen gebrannten Wein ab 1902 Cognac-Weinbrand nannte. Nach dem Verbot der Benennung Cognac durch den Versailler Vertrag bürgerte sich Weinbrand ein. Die deutschen Weinbrenner decken ihren Bedarf an Brennwein hauptsächlich in Frankreich (Charente) und in Italien. Es handelt sich hierbei um durchgegorenen Wein bestimmter Rebsorten, dem ein Weindestillat zugesetzt wird. Der Brennwein muß einen Alkoholgehalt zwischen 18 und 24 %vol aufweisen. Die Destillation erfolgt in zwei Schritten. Zuerst wird der Rauhbrand hergestellt und daraus dann der Feinbrand gewonnen. Für die weitere Verarbeitung konzentriert man sich auf den Mittellauf, das „Herzstück" der Destillation. Für dieses Herzstück mit etwa 70 %vol beginnt dann die Zeit der Reifung. Bei hochwertigen Destillaten verwendet man im Idealfall kleine Limousin-Eichenholzfässer mit 300 bis 350 l Fassungsvermögen. Weinbrand muß mindestens ein halbes Jahr in Eichenholzfässern mit einem Fassungsvermögen unter 1 000 l reifen oder aber 1 Jahr in größeren Fässern. Weinbrand mit Altershinweis (Alt, Alter, V.S.O.P., X.O.) muß mindestens 1 Jahr in Fässern unter 1 000 l gereift sein. Qualitätsbewußte Hersteller lagern ihre Destillate jedoch meist bedeutend länger. Am Ende der Reifezeit werden die Destillate gemischt, um die der Marke entsprechende gleiche Qualität zu erhalten. Dann wird der Weinbrand auf Trinkstärke herabgesetzt (Mindestalkoholgehalt 36 %vol) und noch einmal gelagert.

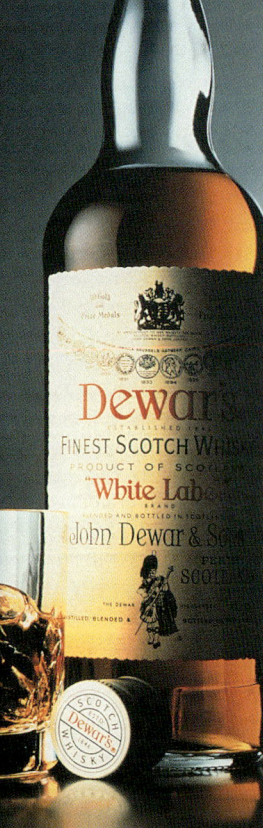

BLENDED SCOTCH WHISKY

Die Geschichte des Scotch Whiskys beginnt mit dem Malt (S. 287). Weltbekannt wurde er durch den Blended. Die Ausbreitung des Scotch im vorigen Jahrhundert wurde erst durch die Erfindung des kontinuierlichen Brennapparates ermöglicht. Mit diesem konnte man wirtschaftlicher als mit dem für Malt Whisky verwendeten „Pot still" aus Getreide einen leichten Whisky-Typ, den Grain Whisky, herstellen. Damit schlug auch die Geburtsstunde der „Blends" – Mischungen aus Whiskys verschiedenen Typs, die es ermöglichten, Whisky von gleichbleibender Qualität in größeren Mengen anzubieten. Die Firma Andrew Usher in Edinburgh kombinierte als erste im Jahre 1853 Malt und Grain Whisky. Auch Grain wird in Eichenfässern gelagert, und auch für ihn gilt eine Mindestlagerzeit von 3 Jahren. Blending heißt verschiedene Malt- und Grain-Sorten aus unterschiedlichen Brennereien und Jahrgängen miteinander zu vermischen. Ein Blend kann bis zu 50 verschiedene Einzel-Whiskys enthalten. Nach welcher Formel dies geschieht, bleibt das gehütete Geheimnis jeder Firma. Rund 100 Malt- und 10 Grain-Destillerien liefern die Bestandteile für den Blended. Außer den Firmen, die solche Brennereien besitzen, gibt es etwa 300 sogenannte Blender. Es werden über 2 000 verschiedene Blended Scotchs angeboten. Den Hauptteil bestreiten aber relativ wenige, international bekannte Sorten. Es ist kein Geheimnis, daß jeder gute Blended Scotch von seinem Malt-Anteil profitiert. Dieser schlägt sich natürlich auf den Preis nieder. Von De-Luxe-Blends spricht man ab einem Malt-Anteil von einem Drittel. Die Altersangabe bezieht sich immer auf den jüngsten Einzel-Whisky und keinesfalls auf einen erreichten Durchschnitt. Der Mindestalkohol beträgt 40 %vol.

MALT SCOTCH WHISKY

Das Geburtsjahr des schottischen Whiskys liegt im Dunkel der Vergangenheit. Seinen Namen verdankt er dem gälischen „Uisgue-Beatha", was später zu „Usky" abgekürzt wurde und „Wasser des Lebens" bedeutet.

Jahrhunderte hindurch wurde in Schottland aus Gerste in vielen kleinen Hausbrennereien in Brennblasen (Pot still) ein kräftiger, würziger Malt Whisky gebrannt. Erst in der zweiten Hälfte des vorigen Jahrhunderts breitete sich der Whisky (durch die „Erfindung" des Blended Whisky) nach England aus, von wo er dann seinen Siegeszug über die ganze Welt antrat.

Der „Pot-still"-Prozeß gliedert sich in vier Hauptstufen: das Mälzen, das Maischen, die Gärung und das eigentliche Destillieren. Das fertige Destillat wird zum Reifen in Eichenholzfässern gelagert.

Die Reifezeiten sind unterschiedlich lang. 3 Jahre schreibt der Gesetzgeber vor, 8 bis 12 Jahre sind jedoch die Regel. Die meisten Malts erreichen mit 12 Jahren den Höhepunkt ihrer Reife. Es werden aber auch länger gereifte Marken zumeist als Single Malt angeboten. Malt Whisky wird unter verschiedenen Bezeichnungen angeboten. Jeder Malt Whisky ist reiner Malt, und auch Mischungen verschiedener Malts bleiben Malt Whiskys. Gemischte Malts (Vatted Malts) gelangen als „Pure Malt", „All Malt" oder „100 % Malt" auf den Markt. Single Malts werden in einer einzelnen Destillerie hergestellt und kommen unvermischt auf die Flasche. Die Altersangaben beziehen sich dabei immer auf das jüngste Destillat.

Von den z. Z. 102 Malt-Whisky-Destillerien füllen etwa 80 einen Teil ihres Whiskys auch in Flaschen. Malts werden nach Lage der Brennereien in 4 Whisky-Regionen eingeteilt. Die mit Abstand größte Region sind die Highlands (87 Destillerien), die den Großteil des schottischen Festlands umfassen. Des weiteren arbeiten 10 über ganz Schottland verstreute Grain-Destillerien.

IRISH WHISKEY

Irland ist die Urheimat des Whiskeys. Von der Grünen Insel aus verbreitete sich die Kunst der Whiskey-Herstellung zuerst nach Schottland und von dort in die Neue Welt. Auch in Irland gab es viele kleine Brennereien. Seit den Anfängen der industriellen Herstellung waren die irischen Brennereien hauptsächlich in den Städten Dublin, Cork und Tullamore beheimatet.

Eine weitere sehr alte Brenntradition entstand in der Grafschaft Antrim im heutigen Nordirland. In den 60er Jahren unseres Jahrhunderts wurde es für die großen Brennereien immer schwieriger, notwendige Expansionen und Modernisierungen durchzuführen. Eine Lösung wurde in einer zentralen Brennerei gesehen. Zu diesem Zweck schlossen sich die irischen Brennereien 1966 zur Irish Distillers Group zusammen (1970 kam auch die nordirische Old Bushmills Distillery dazu). Gemeinsam konnten sie 1975 einen neuen Destillationskomplex in Midleton bei Cork in Betrieb nehmen. Seit einigen Jahren ist die gesamte Gruppe

im Besitz des französischen Spirituosenkonzerns Pernod-Ricard. Nur die 1994 neu eingeführten Marken Kilbeggan und The Tyronnell stehen dazu in Konkurrenz. Die 15 Marken, die Irish Distillers in Midleton (ohne Old Bushmills) herstellt, erfuhren in ihrer Eigenständigkeit keine Veränderung. Irischer Whiskey wird nach der klassischen „Pot-still"- und der Coffey-Methode dreimal gebrannt. Dabei wird gemälzte und ungemälzte Gerste verwendet. Im Gegensatz zum Scotch wird die gemälzte Gerste jedoch nicht über offenem Feuer getrocknet.

Irish Whiskey reift mindestens 3, meist aber 5 bis 8 Jahre in Eichenholzfässern. Nach der Lagerung erfolgt das „Vatting" (d. h. Blenden). Die Whiskeys verschiedener Faßtypen und Jahrgänge werden dabei miteinander gemischt. Irish Whiskey unterscheidet sich von Scotch auch in der Schreibweise. Anfang des Jahrhunderts gingen die Schotten dazu über, ihren Whisky ohne „e" zu schreiben.

AMERICAN WHISKEY

Die Geschichte des amerikanischen Whiskeys beginnt mit der Besiedlung des Kontinents durch europäische Einwanderer. Schon um 1640 wird erstmals von einer Roggenbrennerei berichtet. Der erste Whiskey war der „Rye" (Roggen). Er wurde bereits Jahrzehnte vor der Erschließung Kentuckys in Pennsylvania, Virginia und Maryland nach der „Pot-still"-Methode hergestellt. Als 1789 eine hohe Steuer für Whiskey eingeführt wurde, zogen viele Brenner westlich nach Kentucky. Dort, im heutigen Kerngebiet der Bourbon-Herstellung, fanden sie neben idealen klimatischen Bedingungen viel Mais und reines Wasser vor. Einem Teil des Landes, dem von den Franzosen nach ihrem Bourbonen-Herrschergeschlecht benannten Bourbon Country, verdankt der Bourbon seinen Namen. Zwei Schritte waren von entscheidender Bedeutung für den Bourbon Whiskey. 1783 gelang es Evan Williams erstmals, aus Mais Whiskey zu destillieren, und 1789 entdeckte der Reverend Elijah Craig den typischen Bourbon-Geschmack, der durch die Lagerung in innen angekohlten Fässern entstand. Die hauptsächlichen Unterschiede des Bourbon zu Scotch oder Irish liegen in der Verwendung von Mais, der Reifung in jeweils neuen, innen angekohlten Fässern aus amerikanischer Steineiche und der z. T. angewandten Holzkohlefilterung – dem „charcoal mellowing". Amerikanische Whiskeys werden fast ausschließlich in „Continued Stills" destilliert. Die Lagerzeit beträgt für Bourbon mindestens 2 Jahre, 4 bis 8 Jahre sind jedoch die Regel. Die wichtigste Whiskey-Sorte in den USA ist der Bourbon. Für ihn sind 51 bis 79% Maisanteil vorgeschrieben. Daneben werden Roggen, Weizen, Gerste und Hafer verwendet. Kentucky Straight Bourbon muß aus Kentucky-Getreide in Kentucky hergestellt sein. Straight bedeutet sortenrein mit mindestens 51% des genannten Getreides. Große Bedeutung hat auch der Blended Whiskey. Er besteht aus Rye- und Mais-Whiskey mit einem Anteil Neutralalkohol.

CANADIAN WHISKY

Die Geschichte der Whisky-Produktion in Kanada ist mit der in den USA vergleichbar, sie begann jedoch wesentlich später. Erst um 1860 erschien Canadian Whisky auf dem Markt. Großen Anteil an der Entwicklung des Canadian hatten zwei Whisky-Giganten, Hiram Walker und Seagram's.

Die riesigen Unternehmen sind heute in vielen Bereichen der Spirituosenherstellung tätig. Außer den kanadischen sind mehrere weltbekannte amerikanische und schottische Whisk(e)y-Firmen in ihrem Besitz. Nicht nur durch das „e" in der Schreibweise unterscheidet sich der Canadian vom Bourbon.

Trotz einiger Gemeinsamkeiten ist er ein eigenständiger Whisky. Auch für den Canadian ist der Mais mit etwa 70% Anteil der wichtigste Rohstoff. Der Rest ist Roggen (Rye) und kleine Mengen Gerste, allerdings gibt es auch Marken mit einem dominierendem Roggenanteil, jedoch keine reinen Rye Whiskys, die vergleichbar sind mit denen der USA. Weizen spielt bei der Whisky-Herstellung keine Rolle. Geschmackliche Unterschiede zum Bourbon entstehen unter anderem auch dadurch, daß für Canadian häufig gemälztes Getreide verwendet wird. Die Canadians sind grundsätzlich Blends. Für sie wird aber nie hochprozentiger Neutralalkohol zum Blenden verwendet, sondern grundsätzlich ein Getreidedestillat, das mit höchstens 78% destilliert wurde. Destilliert wird wie in den USA in „Continued Stills".

Die Lagerung erfolgt in Eichenholzfässern, die jedoch im Gegensatz zum Bourbon nicht ausgekohlt sind. Canadian Whisky muß mindestens 2 Jahre lagern. Diese vorgeschriebene Lagerzeit wird jedoch von allen Herstellern um einige Jahre überschritten.

Das Blending erfolgt beim Canadian vor der Faßlagerung. Nach der Reifung werden dann im großen Umfang die Faß-Whiskys gemischt und auf Trinkstärke reduziert. Danach erfolgt vor der Flaschenabfüllung eine weitere, mehrere Monate dauernde Faßlagerung.

WODKA

Wodka ist die reinste und neutralste klare Spirituose und hat weder Aroma, Bouquet oder einen speziellen Geschmack. Alles, was herkömmliche Spirituosen auszeichnet, fehlt ihm, und jeder Hersteller versucht, diesem Ziel möglichst nahe zu kommen. Man brennt Wodka heute fast ausschließlich aus Getreide – meist aus Weizen – und nicht aus Kartoffeln, wie vielfach angenommen wird. Nach EU-Recht muß der für Wodka verwendete Neutralalkohol entweder durch Rektifikation (zweite Destillation des aus der Maische gewonnenen Rohbrandes) oder durch Filtrieren über Aktivkohle – ggf. mit anschließender einfacher Destillation – hergestellt werden. Wodka wird in der Regel zweimal gebrannt, manche Sorten auch dreimal. Der hochprozentige Alkohol wird gefiltert (meist über Holzkohle) und auf Trinkstärke verdünnt. Das EU-Recht schreibt seit 1989 nur noch einen Mindestalkoholgehalt von 37,5 %vol (früher 40 %vol) vor. Die klassischen Wodka-Länder sind Rußland und Polen. Der Dau-

erstreit, wer den Wodka (von Woda = Wasser), das „Wässerchen", erfunden hat, findet wohl nie ein Ende, sicher ist aber, daß in beiden Ländern parallel eine Wodka-Kultur entstand. Wodka war bis Anfang des 20. Jahrhunderts nur in diesen beiden Ländern bekannt. Erst nach dem Ersten Weltkrieg begannen russische Emigranten außerhalb ihrer alten Heimat mit der Wodka-Produktion. In der westlichen Welt setzte sich der Wodka ab den 60er Jahren durch. Hauptstellerländer sind Rußland (GUS) und Polen, Schweden, Finnland, die USA, Kanada, Großbritannien und Deutschland. Neben den klassischen wasserhellen Wodkas werden auch aromatisierte Sorten hergestellt. Altbekannt sind Zubrovka und Grasovka, denen man Büffelgras beigibt, und mit Pfeffer versetzte Wodkas. Auch Wodka „Citron" hat sich durchgesetzt. Wodka trinkt man kühl oder eisgekühlt in einem Zug. Der Großteil des Wodkas wird jedoch als Mischgetränk und zum Mixen verbraucht.

FACHBEGRIFFE VON A BIS Z

Auf diesen Seiten werden oft benutzte Fachbegriffe der Bar und der Getränkeherstellung sowie Etikettenaufschriften erklärt.

Die Abkürzungen bedeuten:

(e) Englisch
(f) Französisch
(i) Italienisch
(sp) Spanisch
(p) Portugiesisch

After-Dinner-Drink (e)
In den USA gebräuchliche Bezeichnung für Getränke nach dem Essen.

Age Inconnu (f)
Vorwiegend auf Calvados-Etiketten für „Alter Unbekannt". Darf ab der höchsten Altersstufe (ab 6 Jahren) angegeben werden.

Almacenista (sp)
Lagerhalter einer Bodega.

Alambic Charentais (f)
In der Charente (Cognac-Region) verwendetes Destilliergerät.

Amaro (i)
Bitter, Bitterspirituose.

Amontillado (sp)
Meist halbtrockener Sherry, auch trocken.

Apéritif (f) – Aperitivo (i)
Von lateinisch „aperire" (öffnen). Sammelbegriff für alkoholische Getränke, die vor den Mahlzeiten zur Anregung des Appetits getrunken werden.

Assemblage (f)
Verschnitt von Grundweinen zur Gewinnung der endgültigen Cuvée. Ätherische Öle, flüchtige, stark riechende Öle, die sich u. a. in Pflanzenteilen befinden.

Baby (e)
Bezeichnung für eine kleine Menge, z. B. eine 1/4 Flasche Champagner.

Balthasar
Riesenflasche Champagner mit 12 l Inhalt (16 Normalflaschen).

Barglass (e)
Auch Mix-, Rühr- oder Mischglas. Dickwandiges großes Glas mit Ausgießschnabel zum Mischen von Cocktails.

Barspoon (e)
Barlöffel. Langstieliger Löffel zum

Rühren im Barglass und vielen weiteren Tätigkeiten.

Bas-Armagnac (f)

Hinweis auf Armagnac-Etiketten für die Herkunftsregion. Bas-Armagnacs gelten als die besten Qualitäten.

Before-Dinner-Drink (e)

In den USA gebräuchliche Bezeichnung für Aperitif.

Blended (e)

Vermischt, verschnitten, z. B. Blended Whisky.

Bodega (sp)

Ebenerdige, hohe Lagerhalle im Sherry-Anbaugebiet.

Bonded (e)

Unter Zollverschluß (ohne Versteuerung), z. B. „Bottled in Bond" – Banderolen mit Jahreszahl bei kanadischen und amerikanischen Whisk(e)ys.

Boston Shaker (e)

Von professionellen Barmixern bevorzugter zweiteiliger Schüttelbecher. Besteht aus einem Glas- und einem Edelstahlteil. Wurde angeblich an Bord eines atlantischen Linienschiffes auf der Fahrt von Boston nach Europa entworfen. Das Glasteil kann auch als Rührglas verwendet werden.

Bouquet (f)

Bukett. Der Duft von Weinen und Spirituosen wird als Bouquet bezeichnet.

Brut (f)

Bei Champagner und Sekt für Herb – Naturherb. Dosage 0 bis 15 g/l.

Chai (f)

Weinlager, ebenerdige Lagerhalle.

Champagner Flaschengrößen

$1/4$ – 0,2 l;

$1/2$ – 0,375 l;

$1/1$ – 0,75 l;

Magnum – 1,5 l
(2 Normalflaschen);

Jeroboam – 3,0 l
(4 Normalflaschen);

Rehoboam – 4,5 l
(6 Normalflaschen);

Methusalem – 6,0 l
(8 Normalflaschen);

Salmanasar – 9,0 l
(12 Normalflaschen);

Balthasar – 12,0 l
(16 Normalflaschen);

Nebukadnezar – 15,0 l
(20 Normalflaschen);

Die gebräuchlichste Größe ist die $1/1$ Flasche.

Einige Champagner-Firmen bieten in Deutschland alle Größen an. Für deutsche Sekthersteller gelten die gleichen Größen, es wird aber nur in Flaschen bis 3 l abgefüllt.

Champagner- und Sekt-Geschmacksrichtungen

Mit der Dosage (siehe dort) wird nach der zweiten Gärung die Geschmacksrichtung (der Süßegrad) bestimmt. Die Angaben stehen für den Restzuckergehalt pro l.

Es bedeuten:

Brut Nature 0 – 3 g/l;

Extra Brut (Extra Herb): 0 – 6 g/l;

Brut (Herb): 0 – 15 g/l;

Extra Dry (Extra Trocken): 12 – 20 g/l;

Sec (Trocken): 17 – 35 g/l;

Demi Sec (Halbtrocken): 33 – 50 g/l;

Doux (Mild, Süß): über 50 g/l.

Charentaiser Methode

In der Charente (Cognac) angewandtes Verfahren der zweifachen Destillation.

Choice (e)

Steht auf Südweinen und Spirituosen für Ausgewählt, Erlesen.

Coffey Still (e)

(Patent, Continuous oder Column Still). Um 1830 von Aeneas Coffey in Schottland entwickeltes kontinuierliches Destillationsverfahren.

Colheita (p)

Bei Port für Ernte, Erntejahr. Diese Portweine werden im Unterschied zum Vintage Port spät auf Flaschen gezogen.

Copita (sp)

Kleines tulpenförmiges Glas, speziell für Sherry.

Cordials (e)

Amerikanisch-englische Bezeichnung für Liköre, besonders für stärkende mit gesundheitlichem Effekt.

Cracked Ice (e)

In kleine Stücke zerschlagenes Eis.

Crémant (f)

Stand bis 1995 für einen Champagner mit wenig Kohlensäure.

Wurde dann für die französischen Schaumweine mit Appellation Contrôlée verwendet und ist nun für alle Qualitätsschaumweine aus der EU, die nach der traditionellen Flaschengärmethode erzeugt werden, freigegeben.

Criadera (sp)

Heißen bei der Sherry- und Brandy-Herstellung die verschiedenen Faßreihen des Solera-Systems, mit Ausnahme der untersten, die Solera (von Suelo – Boden) heißt.

Crushed Ice (e)

Gemahlenes Eis.

Cuvée (f)

Faßmischung. Champagner und Schaumweine z. B. entstehen in der Regel aus Weinen verschiedener Lagen und Jahrgänge. Die Zusammenstellung ist die Cuvée.

Dash (e)

Spritzer. Bezeichnung für die kleinste Flüssigkeitsmenge.

Degorgieren (f)

Enthefen. Bei Champagner – und bei nach traditionellem Flaschengärverfahren hergestellten Schaumweinen – das Entfernen der Hefe.

Dégustation (f)

Weinprobe, Verkostung.

Dekantieren

Vorsichtiges Umgießen einer Flüssigkeit in eine Karaffe. Bei alten Rot- und Portweinen üblich, um den Wein vom Depot zu trennen.

Demijohns (e)

Ballonflaschen bis zu 50 l Inhalt. Sie sind von Korbgeflecht umgeben oder in Bandeisen eingesetzt.

Demi Sec (f)

Halbtrocken. Bei Champagner und Sekt eine Dosage von 33 – 50 g/l.

Depot (f)

Satz, der beim Dekantieren zurückbleibt. Meist bei Rot- und Portwein.

Destillation

Von lateinisch „destillare" = abtropfen. Grundlegender Vorgang der Spirituosenherstellung. Durch Verdampfen des flüchtigen Anteils aus alkoholhaltigen Lösungen oder Stoffgemischen wird in Destillationsanlagen durch Wegführen der durch Erhitzung entstehenden Dämpfe bei deren Kondensation Alkohol gewonnen.

Digestif (f)

Auch After-Dinner-Drink. Erstmals 1938 im „Larousse Gastronomique" erwähnt. Im Gegensatz zum Aperitif Getränke, die nach dem Essen angeboten werden. Meist Weinbrände, Calvados, Obstbrände, Grappas, Bitters – aber auch Sweet Cocktails oder Likör-/Spirituosen-Mischungen.

Digestion

Ist eine Mazeration mittels warmer Flüssigkeit. Bewirkt eine schnellere, intensivere und gründlichere Auslaugung als die Mazeration. (Ähnlich wie dem Ziehenlassen des Tees.)

Dosage (f)

Eine Mischung aus Wein derselben Cuvée, altem Champagner und Rohrzucker. Die genaue Zusammensetzung wird von jedem Hersteller gehütet. Die Dosage wird nach dem Degorgieren (Enthefen) dem Champagner – und den nach dem traditionellen Flaschengärverfahren hergestellten Schaumwein – zugegeben. Ihre Zusammensetzung bestimmt den Süßegrad.

Doux (f)
Mild, süß. Bei Champagner und Sekt eine Dosage von über 50 g/l.

Dulce (sp)
Süß.

Eau de Vie (f)
Wasser des Lebens. Französische Bezeichnung für Spirituosen, besonders für Obstbrand.

Égrappé (f)
Entrappen. Wird bei Marc angegeben, wenn die Trauben vor dem Keltern entstielt wurden.

Extra Brut (f)
Extra Herb. Bei Champagner und Sekt mit einer Dosage von 0 – 6 g/l.

Extra Dry (e)
Extra Trocken. Bei Champagner und Sekt mit einer Dosage von 12 bis 20 g/l.

Emulsion
Gleichmäßige Mischungen von ineinander nicht mischbaren Flüssigkeiten. Begriff bei der Likörherstellung (Schokoladen-Sahne-Eierlikör). Diese werden homogenisiert (innig vermengt). Je feiner die Verteilung und die Tröpfchengröße ist, um so beständiger ist das Fertigprodukt gegen den Verderb.

Ester
Aromaträger in ätherischen Ölen. Wichtiges Bewertungskriterium bei Spirituosen wie z. B. Rum.

Fermier (f)
Bauer. Bei französischen Spirituosen (z. B. Calvados) als Hinweis auf die landwirtschaftliche Herstellung – im Gegensatz zur industriellen Produktion.

Fine Champagne (f)
Cognac, der ausschließlich aus Grande- und Petite-Champagne-Destillaten gemischt wurde. Der Grande-Champagne-Anteil muß mindestens 50% betragen.

Fino (sp)
Trockenste Sherry-Sorte.

Frappé (f)
Geschlagen. In der Bar für Liköre und Spirituosen, die auf zerschlagenem Eis serviert werden. Steht auch für gekühlte Gläser.

Fût (f)
Faß. Steht auf Spirituosenetiketten mit Angabe der Lagerdauer im Faß.

Gallone (e)

Englisch-amerikanisches Flüssigkeitsmaß. Eine englische Gallone entspricht 4,54 l, eine amerikanische Gallone 3,78 l.

Gay-Lussac-Grade

Früher in Frankreich angewandte Maßeinheit zur Bestimmung des Alkoholgehalts. Weicht geringfügig von den deutschen %vol ab. Abkürzung G.L.

Glen (e)

Bergschlucht – Tal. Bestandteil vieler schottischen Malt-Whisky-Markennamen.

Grande Champagne (f)

Gilt als die beste Cognac-Anbauzone. Liegt inmitten der Region. 1906 wurden die bereits 1860 bestimmten, bis heute gültigen Grenzen des Cognac- Gebiets (Charente) festgelegt.

Hard Liqueurs (e)

Bezeichnung für ungesüßte Spirituosen wie Whisky, Cognac, Rum, Gin.

Haut Armagnac (f)

Auf Armagnac-Etiketten Hinweis auf die Herkunftsregion.

Hors d'Age (f)

Eine der gesetzlich festgeschriebenen Bezeichnungen bei Cognac, Armagnac und Calvados für die höchste Altersstufe. Aus dem Alterskonto 6 mit mindestens 6 Jahren Reifezeit.

Ice Cubes (e)

Eiswürfel.

Jeroboam (Doppelmagnum)

Übergroße Flasche (Champagner und Sekt) mit 3 l Inhalt (4 Normalflaschen).

Label (e)

Flaschenetikett.

Magnum

Champagner- und Sektflasche mit 1,5 l Inhalt (Doppelflasche).

Manzanilla (sp)

Besonders leichter, trockener Sherry, der nur in den Bodegas von Sanlúcar de Barrameda reift.

Maische

Zucker- und/oder stärkehaltiges Ausgangsmaterial für die alkoholische Gärung.

Mariage (f)

Vermählung. Wird das Vermischen von verschiedenen Cognac-Qualitäten und Altersstufen genannt.

Mazeration

Kaltes Ausziehen von getrockneten Pflanzenteilen mit Sprit oder Sprit-Wasser-Gemischen über einen längeren Zeitraum.

Melasse

Bei der Zuckergewinnung entstehender sirupartiger Rückstand. Basis für die Rumherstellung

Méthode champenoise (f)

Das Champagner-Herstellungsverfahren. Die Bezeichnung ist seit 1. 9. 1994 nur noch für den Champagner zugelassen. Das gleiche Verfahren heißt außerhalb der Champagne (im gesamten Bereich der EU) nun traditionelle oder klassische Flaschengärung, Metodo Classico usw.

Methusalem

Champagner-Flaschengröße mit 6 l Inhalt (8 Normalflaschen).

Millésime (f)

Jahrgang, oft bei Champagner verwendet.

Mint (e)

Pfefferminze.

Mist (e)

Nebel. In Schottland, Irland, USA und Kanada Bestandteil von Spirituosennamen.

Mistelle (f)

Weine mit höchstens 15 %vol, bei denen die Hefegärung des nur schwach angegorenen Mostes durch Alkoholzusatz verhindert worden ist. Dazu zählen Samos, der Pineau des Charentes und Wein-Aperitifs wie Dubonnet und St. Raphaël.

Mindestalkoholgehalte der Spirituosen nach EU-Recht

Aquavit 37,5 %vol
Armagnac 40,0 %vol
Bitter 15,0 %vol
Calvados 40,0 %vol
Cognac 40,0 %vol
Eierlikör 14,0 %vol
Enzian 37,5 %vol
Genever noch nicht festgesetzt
Gin 37,5 %vol
Grappa 37,5 %vol
Himbeergeist 37,5 %vol
Kirschwasser 37,5 %vol
mit der Bezeichnung „Schwarzwälder" 40,0 %vol
mit der Bezeichnung „Fränkischer" 40,0 %vol
Korn 32,0 %vol
Kornbrand 37,5 %vol
Likör 15,0 %vol
Rum 37,5 %vol
Rum-Verschnitt 37,5 %vol
Steinhäger 38,0 %vol
Weinbrand 36,0 %vol
Whisky 40,0 %vol
Wodka 37,5 %vol

Mug (e)

Krug aus Glas oder Metall.

Napoléon (f)

Eine der gesetzlich festgeschriebenen Bezeichnungen für Cognac, Armagnac und Calvados für die höchste Alterungsstufe, aus dem Alterskonto sechs mit mindestens 6 Jahren Reifezeit.

Nebukadnezar

Größte Champagnerflasche mit 15 l Inhalt (20 Normalflaschen).

Nutty (e)

Auf Sherry-Etiketten zu finden, weißt auf einen nußartigen Geschmack hin.

Öchsle

Nach den Öchslegraden wird mit der gleichnamigen Mostwaage der Zuckergehalt des Mostes bestimmt. Nach einer Formel läßt sich daraus der Alkoholgehalt errechnen

Oloroso (sp)

Trockener bis leicht süßer Sherry, die klassische Qualität in Spanien. Oloroso von „Olor" = Geruch, Oloroso = wohlriechend.

On the rocks (e)

Pur-Getränk über Eiswürfel.

Ounce (e)

Unze. US-amerikanische und englische Maßeinheit. Eine Fluid Ounce ist in den USA 2,95 cl, in Großbritannien 2,84 cl. Abkürzung: oz.

Pale (e)

Für bleich, blaß. Angabe auf Cognac- und Sherry-Etiketten.

Pays d'Auge (f)

Calvados-Region mit dem besonderen Status der kontrollierten Ursprungsbezeichnung. Gilt als das Gebiet mit den besten Qualitäten.

Perkolation

Auslaugung bestimmter Stoffe (z. B. Pflanzenteile) im Durchlaufverfahren (ähnlich dem Kaffeefiltern).

Piccolo – Pikkolo

Diese beiden geschützten Schreibweisen für Sekt in Kleinflaschen (0,2 l) sind den Häusern Kessler (Piccolo) und Henkell (Pikkolo) vorbehalten. Anderen Herstellern ist die Verwendung dieser Benennungen untersagt.

Pint (e)

Abkürzung pt. US-amerikanische (0,473 l) und englische (0,568 l) Maßeinheit.

Pot Still (e)

Pot Stills sind die traditionellen Destillierapparate zur Herstellung von Malt Whisky.

Proof Grade (e)

In Großbritannien, Kanada und den USA übliche Angabe des Alkoholgehalts in Spirituosen. In Großbritannien bezeichnen 100° Proof die Stärke des Proof-Spirit, d. h. 57,15 % vol, gemessen bei 15,56 °C. 1° Proof ist rund 0,57 %vol. Reiner Alkohol ist 175 Proof. In Kanada und USA bedeuten 100° Proof soviel wie 50 %vol und 200° Proof reinen Alkohol. Ein Proof ist also genau 0,5 %vol.

Rehoboam
Übergroße Champagnerflasche mit 4,5 l Inhalt (6 Normalflaschen).

Rektifikation
Wirkungsmäßig verbesserte Destillation.

Ruby (e)
Rubinrot. Auf Portwein-Etiketten für jungen, rubinroten Port.

Rye (e)
Roggen. Rye Whisky in den USA.

Salmanasar
Übergroße Champagnerflasche mit 9 l Inhalt (12 Normalflaschen).

Sauvage (f)
Wild gewachsen – unkultiviert.
Oft Namensbestandteil französischer Obstbrände, z. B. Framboise Sauvage – Himbeergeist aus wildwachsenden, unkultivierten Himbeeren.

Sec (f)
Trocken. Steht bei Champagner und Sekt für eine Dosage von 17 bis 35 g/l.

Secco (i)
Trocken.

Shaker (e)
Schüttelbecher. Am besten geeignet ist der zweiteilige Boston-Shaker, der aus einem Edelstahl- und einem Glasteil besteht.

Shaved Ice (e)
Bezeichnung für geschabtes Eis.

Short Drink (e)
Kleines, kurzes Getränk.

Single Malt (e)
Besagt bei Malt Whisky, daß der Whisky ungemischt ist. Er ist immer das Produkt einer Destillerie oder auch nur eines Destillationsvorgangs. Im Gegensatz zum „Vatted Malt".

Soft Drink (e)
Amerikanische Bezeichnung für alkoholfreie Getränke.

Solera (sp)
Name für das Sherry-Reifeverfahren Das gesamte, meist über 4 oder 5 Faßreihen umfassende System heißt Solera. Die oberen Faßreihen nennt man Criadera, die untere Solera, von „Suelo" = Boden.

Sommelier (f)
Weinkellner.

Sour Mash (e)
Findet bei der amerikanischen Whiskey-Herstellung Anwendung und wird oft auf den Etiketten angegeben. Sour Mash (Saure Maische) bedeutet, daß mit einem Teil der vergorenen Maische der vorhergegangenen Destillation die neue Maischegärung eingeleitet wurde. Im Gegensatz zu Sweet Mash, wo jeweils frische Hefe verwendet wird.

Sparkling (e)
Schäumend. Sparkling Wine – Champagner, Sekt.

Spirituosen
Zum menschlichen Genuß bestimmte Getränke, in denen Alkohol (Ethylalkohol) als wertbestimmender Anteil enthalten ist. Der Alkohol muß durch Brennverfahren aus vergorenen zuckerhaltigen oder aus in Zucker verwandelten und vergorenen Stoffen gewonnen sein. Synthetisch hergestellter Alkohol darf nicht verwendet werden. Nach EU-Recht können Spirituosen unter anderem eingeteilt werden in Brände, Geiste (nur bei Obst), aromatisierte Spirituosen (z. B. Gin, Genever) und Liköre. Die Bezeichnung „Branntwein" darf eine Spirituose nur noch tragen, wenn sie ausschließlich auf der Grundlage von Wein hergestellt wird. Der Mindestalkoholgehalt beträgt 15 %vol (Eierlikör 14 %vol). Für alle Spirituosenarten sind Mindestalkoholgehalte festgelegt. Diese sind im Lexikonteil dieses Buches bei den jeweiligen Spirituosenarten angegeben.

Squeeze (e)
Ausdrücken, Auspressen.

Stirrer (e)
Von „to stir" = umrühren. Langer Plastikstab als Beigabe zu Longdrinks.

Straight (e)
Pur, unverdünnt, unvermischt. Beim Whiskey Gegensatz zu Blended. Also ein unvermischtes Destillat.

Straight Up (e)
Für Getränke, die pur, also ohne Eis und anderen Zutaten, getrunken werden.

Strain (e)
Das Abseihen von Mixgetränken aus dem Barglass oder Shaker durch das Barsieb (Strainer).

Strainer (e)
Spezieller Barsieb mit einer Spiralfeder, die beim Abgießen aus dem

Barglass oder Shaker das Eis zurückhält.

Straw (e)
Trinkhalm (Straw = Stroh).

Tablespoon (e)
Eßlöffel. Verwendet als Maßeinheit (Abgekürzt: tbs) in englischen/amerikanischen Cocktailbüchern. Entspricht etwa 15 g oder 1,5 cl.

Tankard (e)
Krug mit Deckel.

Tannin
Ein Gerbstoff (Bitterstoff), der in den Kernen, Schalen und Stielen der Weintrauben enthalten ist und sich bei der Rotweinbereitung löst.
Ist auch im Eichenholz enthalten. Tannin wirkt sich positiv auf die Haltbarkeit des Weines aus.

Tawny (e)
Lohfarben. Bezeichnung für lange im Holzfaß gelagerten hellfarbenen Port.

Teaspoon (e)
Teelöffel. Oft verwendete Maßeinheit (Abgekürzt: tsp) in englischen / amerikanischen Cocktailbüchern. Entspricht etwa 5 g oder 0,5 cl.

Tirage (f)
Liqueur de Tirage – Fülldosage. Beim Champagner (Méthode champenoise) eine Mischung aus Wein, Zucker und ausgewählten Hefekulturen.
Wird dem Wein zur Einleitung der zweiten Gärung in der Flasche zugegeben.

Triple Sec (f)
Dreifach trocken. Bei Likören, z. B. Curaçao, Bezeichnung für gehobene Qualität und hohen Alkoholgehalt. Zulässig nur bei Likören aus Zitrusfrüchten.

Tumbler (e)
Sammelbezeichnung für stiellose schwere Gläser für „on-the-rocks"-Getränke (auch Old Fashioned Glas).

Twist of … (e)
Drehen. Meist „Twist of Lemon Peel". Bezeichnet das Auspressen des Aromas aus einem Stück Zitronenschale.

Unblended (e)
Unvermischt. Steht oft zusätzlich auf Single-Malt-Etiketten.

Unze
Siehe Ounce.

Vat (e)
Lagerfaß.

Vatted Malt (e)
Bezeichnet man einen Malt Whisky, der aus verschiedenen Sorten gemischt ist.

Vecchia (i)
Alt. Bei Spirituosen Hinweis auf lange Lagerung.

Vénérable (f)
Ehrwürdig. Besonders bei alten Calvados verwendet. Zählt zur höchsten Alterungsstufe mit mindestens 6 Jahren Lagerung.

Vieux – Vieil – Vielle (f)
Alt. Auf Cognac-, Armagnac- und Calvados-Etiketten. Eine der gesetzlich festgeschriebenen Bezeichnungen für die höchste Alterungsstufe. Aus dem Alterskonto sechs mit mindestens 6 Jahren Reifezeit. Auch bei Obstbränden verwendet.

Vintage (e)
Bezeichnung für Jahrgang, hauptsächlich bei Champagner, Port und Madeira. Vintage werden meist nur aus außergewöhnlichen Weinjahrgängen hergestellt.

V.S.O.P. (e)
Bezeichnung bei Cognac, Armagnac und Calvados für mindestens 4 Jahre gelagerte Qualitäten. V. – Very, S. – Superior, O. – Old, P. – Produkt oder Pale.
Kann bei deutschen Weinbränden bereits nach einer Eichenholzfaßlagerung von einem Jahr angegeben werden.

X.O. (e)
Extra Old. Auf Cognac-, Armagnac- und Calvados-Etiketten. Eine der gesetzlich festgeschriebenen Bezeichnungen für die höchste Altersstufe mit mindestens 6 Jahren Reifezeit. Bei deutschem Weinbrand eine Reifezeit von einem Jahr.

HERSTELLER
& IMPORTEURE

BACARDI GmbH

Spitalerstraße 16
20095 Hamburg
Tel.: 040 / 33950-0
Fax: 040 / 33950-214

Bacardi Rum
8 Años Bacardi
Bacardi Limón
Woodford Bourbon
Dewar's Scotch Whisky
Jack Daniel's Tennessee
  Whiskey
Southern Comfort Liqueur
Molinari Sambuca
Bombay Sapphire Gin
Bénédictine DOM Liqueur
Otard Cognac
Rouyer Elsässer Edelobstbrände
Martini Vermouth
Asti Martini
Pommery Champagne
Pommery Marc de Champagne
Bacardi Breezer Tropical-Getränk

SEAGRAM DEUTSCHLAND GmbH

Geheimrat-Hummel-Platz 4
65239 Hochheim am Main
Tel.: 06146 / 50-0
Fax: 06146 / 50-130

Chivas Regal Scotch Whisky
The Glenlivet Malt Whisky
Crown Royal Canadian Whisky
Absolut Wodka
Sandeman Sherry, Port, Madeira
Mumm Sekt
Glen Grant Malt Whisky
Martell Cognac
Myers's Jamaica Rum
MM Extra Sekt
Sandeman Capa Negra
  – spanischer Brandy
Olmeca Tequila
Lochan Ora Whisky Liqueur
Perrier-Jouët Champagne

**BORCO-MARKEN-IMPORT
MATTHIESEN GmbH & Co.**
Winsbergring 14–22
22525 Hamburg
Tel.: 040 / 85316-0
Fax: 040 / 858500

Pennypacker Bourbon
  Whiskey
McGuinness Canadian Whisky
Lot 40 Canadian Whisky
Pike Creek Canadian Whisky
Godderham & Worts Canadian
  Whisky
Old Smuggler Scotch Whisky
Dean's Scotch Whisky
Loch Lomond Malt Whisky
The Malts of Scotland
Connemara Irish Whiskey
Locke's Irish Whiskey
Inishowen Irish Whiskey
Kilbeggan Irish Whiskey
The Tyrconnell Irish Whiskey
De Kuyper Genever
De Kuyper Liqueure
Sierra Tequila
Old Pascas Rum
Finsbury Gin
Nega Fulo Cachaça
Cana-Rio Cachaça
Pisco Control
Zubrovka Wodka

Wyborowa Wodka
Lanson Champagne
Kriter – französischer Sekt
Papidoux Calvados
Pascall Obstbrände
Guyot Cassis
Chartreuse
Comtal Armagnac
Henri Mounier Pineau des
  Charentes
Prince Polignac Cognac
Carolans Irish Cream
Irish Mist Liqueur
Frangelico Liqueur
Kwai Feh Lychee Liqueur
Peachtree Liqueur
Nassau Orange Liqueur
Mozart Liqueur
Kecskemét Barack Pálinka
Badel Slivovica
Gran Duque d'Alba – spanischer
  Brandy
Grappa Barbero
Yeni Rakı
Tsantali Ouzo
Dry Sack Sherry
Royal Oporto Portweine
Leacock's Madeira
Bailoni Marillenschnaps
Bailoni Marillenlikör

EGGERS & FRANKE

Töferbohm 8
28195 Bremen
Tel.: 0421 / 3053-0
Fax: 0421 / 3053-110

Marie Brizard Liqueure
Marie Brizard Sirupe
Dauphin Calvados
Marquis de Caussade Armagnac
Frapin Cognac
Old Fettercairn Malt Whisky
Montezuma Tequila
Dr. Siegert Original Angostura
Bobadilla Brandy de Jerez
Flagman Sherry, Port und
   Madeira
Bellini di Canella Aperitif
Prosecco Canella
Psenner Obstbrände und Liköre
Grappa Libarna
Grappa Mangilli
Van der Hum Cream Liqueur
Skipper Akvavit
Robinson Rum
Old Oak Trinidad Rum
La Goya Sherry
Florio Marsala
Boizel Champagne

HENKELL & SÖHNLEIN
Sektkellereien KG
Biebricher Allee 142
65187 Wiesbaden
Tel.: 0611 / 63-0
Fax: 0611 / 63-103

Adam Sekt
Söhnlein Rheingold Sekt
Fürst von Metternich Sekt
Henkell Trocken Sekt
Carstens SC Sekt
Deinhard Sekt
Schloss Rheinberg Sekt
Söhnlein Brillant Sekt
Lutter & Wegner Sekt
Rüttgers Club Sekt
Schloß Biebrich Sekt
Cantor-Alkoholfrei-Sparkling
Prosecco Yello d'Italia
Veuve Emille Champagne
Laurent-Perrier Champagne
Wodka Gorbatschow
Wodka Gorbatschow & Lemon
Tunel Hierbas
Cardenal Mendoza – span. Brandy
Batida de Coco
Mangaroca Cachaça
Red Bull Energy Drink
Kombucha

TEAM SPIRIT

Hubert-Underberg-Allee 1
47493 Rheinberg
Tel.: 02843 / 920-0
Fax: 02843 / 920-287

Underberg
Zwack Unicum
Averna Amaro Siciliano
Fernet Prodotto d'Italia
Glenfiddich Malt Whisky
Grant's Scotch Whisky
The Balvenie Malt Whisky
Bushmills Irish Whiskey
Black Barrel Scotch Whisky
Bols Alter Weinbrand
Château de Breuil Calvados
Château de Breuil Vieille Prune
Bon Père William (Schweiz)
Dettling – Schweizer Kirschwasser
Frattina Grappa
Captain Morgan Jamaica Rum
Pusser's Rum
Val de Loire – französischer Williams
Grasovka Wodka
Mounier – österreichischer Sekt
Blanc Foussy – französischer Sekt
Bols Liköre
Drambuie
Amarula Wild Fruit Cream
Bols Wodka Rogoschin
Moskovskaya Wodka

Stolischnaya Wodka
Krepkaya Wodka
Pisang Ambon
Gilka Kaiser-Kümmel
Bokma Genever
Bols London Dry Gin
Cachaça Pitú
Tequila Silla
Riemerschmid Sirupe
Xuxu 10 Limes
Escorial Grün
Sangrita
Jim Beam Bourbon Whiskey
Asbach Weinbrand
Metaxa – griechische Spirituose
Riemerschmid Spirituosen

ALFRED SCHLADERER
Alte Schwarzwälder Haus-
brennerei GmbH

79219 Staufen
Tel.: 07633 / 832-0
Fax: 07633 / 832-88

Schladerer Obstbrände
Schladerer Liköre
Schladerer Traubenbrand
Schladerer Raritäten
Grassl Gebirgs-Enzian
Vincent Aperitif

DANISH DISTILLERS GmbH

Hallerstraße 6
10587 Berlin
Tel.: 030 / 39927-0
Fax: 030 / 39927-299

Aalborg Akvavit
Malteser Aquavit
Gammel Dansk Bitter
Danzka Wodka
Heering Cherry Liqueur
Pepino Liköre

MOËT HENNESSY GmbH

Postfach 810252
81902 München
Tel.: 089 / 99421-0
Fax: 0130 / 114979

Moët & Chandon Champagne
Mercier Champagne
Chandon Cava
Hennessy Cognac
Davidoff Cognac
Glenmorangie Malt Whisky
Glen Moray Malt Whisky
Calvador Calvados
Massenez Eau-de-vie
Rozès Port
Ardbeg Malt Whisky

RÉMY DEUTSCHLAND GmbH

Söhnleinstraße 8
65201 Wiesbaden
Tel.: 0611 / 25001
Fax: 0611 / 250340

Rémy Martin Cognac
Rémy Martin Pineau des Charentes
Cointreau
Passoa Maracujalikör
The Famous Grouse Scotch Whisky
The Macallan Malt Whisky
Highland Park Malt Whisky
Bunnahabhain Malt Whisky
Cles des Ducs Armagnac
Mount Gay Barbados Rum
Galliano Liquore
Sambuca Vaccari
Piper-Heidsieck Champagne
Charles Heidsieck Champagne
Prosecco Ruggeri
Finlandia Wodka
Ruggeri Grappa

UNITED DISTILLERS & VINTNERS
(Deutschland) GmbH
Europastraße 10
65385 Rüdesheim am Rhein
Tel.: 06722 / 12-0
Fax: 06722 / 12-442

Dimple Scotch Whisky
Black & White Scotch Whisky
Vat 69 Scotch Whisky
Haig Scotch Whisky
Royal Lochnagar Malt Whisky
Lagavulin Malt Whisky
Dalwhinnie Malt Whisky
Talisker Malt Whisky
Oban Malt Whisky
Cragganmore Malt Whisky
Glenkinchie Malt Whisky
Gilbert Calvados
Nusbaumer Edelobstbrände
Safari Fruchtlikör
Pimm's
Fernet Branca
Branca Menta
Tanqueray Gin
Smirnoff Vodka
Johnnie Walker Scotch Whisky
Cardhu Malt Whisky
Gordon's Gin
José Cuervo Tequila
Grand Centenario Tequila
Baileys Cream Liqueur

Berro Cachaça
Gilbey's Gin
J & B Scotch Whisky
Knockando Malt Whisky
Delaforce Port
Malibu
Sheridan's
Vecchia Romagna

CAMPARI DEUTSCHLAND GmbH
Maximilianstraße 38/40
80539 München
Tel.: 089 / 21037-0
Fax: 089 / 297532

Campari Bitter
Campari Soda
Cynar Artischockenbitter
Grand Marnier
Cognac Marnier
Grappa Duca di Cividale
Ouzo 12
Cinzano Vermouth
Cinzano Bitter

PR DEUTSCHLAND
Groupe Pernod Ricard
Schloss-Straße 18–20
56068 Koblenz
Tel.: 0261 / 39009-0
Fax: 0261 / 39009-39

Pernod, Ricard
Amaro Ramazzotti
Cognac Bisquit
Havana Club Rum
Jameson Irish Whiskey
Paddy Irish Whiskey
Old Dublin Irish Whiskey
Power Irish Whiskey
Midleton Irish Whiskey
Wild Turkey Bourbon Whiskey
Royal Canadian Whisky
Aberlour Malt Whisky
Clan Campbell Scotch Whisky
Dubonnet Wein-Aperitif
Suze
Pastis 51
Fior di Vite Grappa
Sambuca Ramazzotti
Larios Dry Gin
Marquis de Montesquiou
   Armagnac
Busnel Calvados
Vodka Altai
Zoco Pacharan
Delamotte Champagne

JACOBI ALLIED DOMECQ
Spirits & Wine GmbH & Co KG
Grunbacher Straße 63
71384 Weinstadt
Tel.: 07151 / 607-0
Fax: 07151 / 607-100

Jacobi Weinbrand
Courvoisier Cognac
Ballantine's Scotch Whisky
Long John Scotch Whisky
Laphroaig Malt Whisky
Tullamore Dew Irish Whiskey
Canadian Club Canadian Whisky
Marker's Mark Bourbon Whisky
Sauza Tequila
Beefeater London Dry Gin
Kahluá Licor de Café
Tia Maria Coffee Liqueur
Aperol Bitter-Aperitif
Harveys Bristol Cream Sherry
Teacher's Scotch Whisky
The Glendronach Malt Whisky
Scapa Malt Whisky
Carlos I – spanischer Brandy
Fundador – spanischer Brandy
La Ina Sherry
Lemon Hart Jamaica Rum
Fürst Bismarck Kornbrand

SCHLUMBERGER KG
Buschstraße 20
53340 Meckenheim
Tel.: 02225 / 925-0
Fax: 02225 / 925-151

Schlumberger Sekt
Louis Roederer Champagne
Roederer Estate Quartet
 – Californian Sparkling Wine
Blanc Foussy – französischer Sekt
Pongracz Sekt Südafrika
Cremant de Loire
Roger Goulart Cava
Frescobaldi Spumante
St. Raphaël – französischer
 Aperitif
Henriques & Henriques Madeira
Noilly Prat Wein-Aperitif
Ramos Pinto Portweine
Emilio Lustau Sherry
Señor Lustau – spanischer Brandy
Boulard Calvados
Käser Obstbrände
St. Georg – kalifornische
 Edelobstbrände
Delamain Cognac
Samalens Armagnac
Germain-Robin Brandy
Midori Melon Liqueur
Vedrenne Liqueure
Marc de Hospices de Beaune

Jean Goyard Marc de Champagne
Joseph Drouhin – Marc de
 Bourgogne
Nonino Grappa und Ùe
Nonino Amaro
Grappa Luce
Frescobaldi Grappa
 »Castelgiocondo«
Glengarioch Malt Whisky
Glenturret Malt Whisky
Bowmore Malt Whisky
Auchentoshan Malt Whisky
Glenturret Malt Liqueur
Suntory japan. Whisky
Cachaça »51«
Porfidio Tequila
Appleton Jamaica Rum
Wray & Nephew – overproof
 Jamaica Rum
Coco Tara Cream of Coconut
Pêcher Mignon – französischer
 Pfirsich-Aperitif
Koko Kanu – jamaikanischer
 Coconut Rum
Pisco Capel

Fotos:
Bacardi GmbH, Hamburg: Seite 2, 13, 29, 36, 72, 90, 116, 156, 164, 194, 210, 218, 236, 238, 246, 256, 262, 280, 284, 286, 290, 307;
Rémy Deutschland GmbH, Wiesbaden: Seite 46, 60, 122, 204, 216;
Campari Deutschland GmbH, München: Seite 82, 184, 186, 220;
Borco-Marken-Import Matthiesen GmbH, Hamburg: Seite 128, 166, 190, 226, 268, 278, 288;
Schlumberger KG, Meckenheim: Seite 138, 146, 182, 188, 192, 198, 212, 240, 252, 264, 266, 270;
Henkell & Söhnlein Sektkellereien KG, Wiesbaden: Seite 170, 230, 234, 258, 294;
Danish Distillers GmbH, Berlin: Seite 180, 224;
Jacobi Allied Domecq Spirits & Wine GmbH & Co KG, Weinstadt: Seite 214;
Eggers & Franke, Bremen: Seite 222, 242, 244;
United Distillers & Vintners GmbH, Rüdesheim am Rhein: Seite 228, 282;
Apollinaris & Schweppes GmbH & Co, Hamburg: Seite 248;
Alfred Schladerer Alte Schwarzwälder Hausbrennerei GmbH, Staufen: Seite 250;
Team Spirit, Rheinberg: Seite 274, 308;
alle anderen Fotos: **Bodo A. Schieren**, München

Autor und Verlag bedanken sich bei allen oben aufgeführten Firmen für die freundliche Unterstützung bei der Entstehung dieses Buches.

FRANZ BRANDL

BAR

FOTOS:
BODO A SCHIEREN

MATTHAES

Gold
Medaille
Gastronomische
Akademie
1996

BARes
WISSEN...

Franz Brandl, Brandls Barbuch
Originalformat 235 x 300 mm, 336 Seiten, über 300 Rezepte,
518 Aufnahmen v. Flaschen, 98 DM

Bitte wenden!

Brandls Barbuch

Mit diesem Buch stellen der bekannteste deutsche
Barmeister Franz Brandl und der renommierte Food-
Fotograf Bodo A. Schieren einen exklusiv gestalteten
und informativen Wegweiser durch die internationale
Welt der Getränke vor.
Ob Liköre, Spirituosen, Aperitifs oder Champagner, es
bleibt keine Frage unbeantwortet. Alles Wissenswerte,
von der Entwicklung und der Geschichte der Bar und
der Bargetränke, der Einrichtung und Ausstattung
einer Bar bis hin zur Praxis des Mixens, wird ausführlich beschrieben.
Über 300 Rezepte, klassisch und „en vogue", geben
Einblick in die Welt der Mixgetränke. Ein komplettes
Getränkelexikon informiert über die Entstehung, die
Herstellung und die Qualität weltbekannter Getränke.
Mit bestechend schönen Fotos ausgestattet,
präsentiert sich das Buch mit einer Qualität und Aus-
sagekraft, die schon beim Lesen die Genüsse erahnen
lassen.

Bestellen können Sie telefonisch (07 11) 21 33-3 29 oder per Fax
(07 11) 21 33-3 20 oder schriftlich bei:

MATTHAES VERLAG GMBH
ABT. BUCHVERTRIEB, OLGASTRASSE 87, 70180 STUTTGART